AF357331

Dedisti lœtitiam in corde meo   Ps. 4.

AVIS SALUTAIRES,

D'UN

PHILOSOPHE CHRÉTIEN,

DISTRIBUÉS

POUR CHAQUE JOUR DU MOIS,

ET TRADUITS

D'UN MANUSCRIT LATIN
qui a pour titre,

Christianæ Philosophiæ medulla opus asceticum.

Autore THEOPHILO RAURACO.

A PARIS,

Chez PRAULT pere, Quai de Gêvres, au Paradis.

M. DCC. XL.

Avec Approbation & Privilége du Roi.

PRE'FACE,

D'une Perſonne de piété, qui a éxaminé cet Ouvrage.

APRE'S les Bénédictions ſingulieres, que Dieu a répanduës, juſqu'ici, ſur la lecture DE l'IMITATION DE JESUS-CHRIST; & ſelon la juſte idée qu'on en a communément parmi les Fidéles, c'eſt faire, en deux mots, l'éloge d'un Livre de piété, que de dire, qu'il eſt compoſé ſur un tel modéle : & c'eſt préciſément ce qu'on peut dire, à tous égards, de

celui-ci. Tout eſt ſentence,
lumiére, ardeur, & ſentiment
dans cet Ouvrage, & il paroît que l'Auteur étoit, non-
ſeulement très-plein, & très-
convaincu des grandes le-
çons qu'il y fait, ſur - tout
aux Jeunes perſonnes, mais
bien exercé lui-même dans
la pratique des vérités Evangéliques qu'il y établit.

D'un côté, on y trouvera
une piété tendre, éclairée,
ſolide & nourrie de la lecture des Livres ſaints, des Peres
de l'Egliſe, ſur-tout, de ſaint
Auguſtin & de ſaint Bernard
dont il paroît rempli, quoique leurs Textes ne ſoient pas

toujours cités. D'autre part, on y verra des exemples tou- chans, des peintures vives & intéreffantes, expofés, fort à propos, felon les occafions ; mais le tout avec le feu, la force, l'énergie, & l'onction qu'infpire le zéle d'un Philo- fophe vrayment chrétien, & d'un Maître expérimenté , qui a le talent de former de dignes difciples.

On a eu foin, dans cette Traduction, d'en arranger la matiére autant qu'il a été pof- fible, & de la diftribuer de telle forte qu'il y en ait une portion, plus ou moins lon- gue , pour chaque jour du

mois, & on a eu en vûë, par-
là, de faire plaifir aux perfonnes qui aiment à trouver
un certain ordre tout marqué
pour leurs lectures.

On fouhaite ardemment,
qu'il plaife à Dieu de donner
à ce pieux Ouvrage le même
fuccès, qu'à celui qui y a fervi de modéle ; qu'il produife,
de jour en jour, le même fruit
pour le falut des ames, & que
les Fidéles étudient, de plus
en plus, dans l'un & dans l'autre, cette véritable philofophie qui fait les chrétiens, &
dont faint Chryfoftome ne
ceffoit de faire l'éloge dans
fes difcours publics.

REFLEXION

D U

TRADUCTEUR,

ſur cette Préface.

MON DIEU ! ſeroit-il poſſible, que j'euſſe contribué en quelque choſe à votre gloire, en travaillant à l'édification de mes freres ? Je crois que vous m'avez fait cette grace, puiſque vos ſerviteurs en jugent ainſi : Mais à qui l'avez-vous faite ? Je n'oſe le dire. Je me contente de m'anéantir en votre préſence. Mon indignité me couvre de confuſion, & tire des larmes améres de mes yeux. Adorons, louons, bénissons celui qui tire la lumiére des ténébres , & qui des pierres , sçait faire des enfans d'Abraham.

EXPLICATION

De l'Estampe qui est au commen-
cement de ce Livre.

LA Foi détourne le rideau des amours, des erreurs & des terreurs du monde , lequel empêche de fixer nos regards sur les biens de l'Eternité.

L'Esperance entretient le sage.

La Charité profite de l'atten-tion qu'il prête à l'Espérance, pour lui faire sentir l'impression du Divin Amour.

L'Enfant , assis au pied de la Charité , réprésente le génie d'une pieté solide, simple comme la Colombe , prudent comme le Serpent qui empêche que la Foi ne céde aux prestiges de l'Erreur ; que la crainte ne prévale sur l'Es-perance , & que l'indifference &

EXPLICATION.

là tiédeur, ne ralentissent l'ardeur
de la CHARITE'.

Dedisti lætitiam in cor de meo. Ps.4.
Seigneur, vous avez répandu la
joye dans mon cœur.

La seule joye solide que nous
puissions goûter en ce monde,
ne peut venir que de notre ac-
quiescement aux vérités que la
Foi nous révéle, des consolations que nous procure l'Esperance, & des tendres sentimens
que la Charite' nous inspire.

TABLE DES SUJETS

Pour tous les Jours du Mois.

TABLE.

TABLE.

F I N.

PRIVILEGE DU ROY.

LOUIS, par la grace de Dieu, Roy de France & de Navarre: A nos amés & feaux Conseillers les Gens tenans nos Cours de Parlement, Maîtres des Requêtes ordinaires de notre Hôtel, Grand Conseil, Prevôt de Paris, Baillifs, Sénéchaux, leurs Lieutenans Civils & autres nos Justiciers qu'il appartiendra, SALUT. Notre bien amé PIERRE PRAULT, Pere, Libraire & Imprimeur de nos Fermes & Droits à Paris, Nous ayant fait remontrer qu'il souhaiteroit faire imprimer ou imprimer & donner au Public, un Manuscrit, qui a pour Titre, *Avis salutaires d'un Philosophe chrétien*, s'il nous plaisoit lui accorder nos Lettres de Privilege sur ce necessaires, offrant pour cet effet de le faire imprimer ou imprimer en bon papier & beaux caracteres, suivant la feuille imprimée & attachée pour modele sous le contrescel des Presentes. A CES CAUSES, voulant traiter favorablement ledit Exposant, Nous lui avons permis & permettons par cesdites Presentes, de faire imprimer ou imprimer ledit Ouvrage ci-dessus specifié, conjointement ou separément, & autant de fois que bon lui semblera, & de les vendre, faire vendre & debiter par tout notre Royaume, pendant le temps de six années consecutives, à compter du jour de la date desdites Presentes: Faisons défenses à toutes personnes, de quelque qualité & condition qu'elles soient, d'en introduire d'impression étrangere dans aucun lieu de notre obéissance, comme aussi à tous Libraires, Imprimeurs & autres, d'imprimer, faire imprimer, led. Ouvrage ci-dessus exposé en tout ni en partie, ni d'en faire aucuns extraits, sous quelque prétexte que ce soit, d'augmentation, ou correction, changement de titre, même feüilles separées, ou autrement, sans la permission expresse &

par écrit dudit Exposant, ou de ceux qui auront droit de lui, à peine de confiscation des exemplaires contrefaits, de trois mille livres d'amende contre chacun des coutrevenans, dont un tiers à Nous, un tiers à l'Hôtel-Dieu de Paris, l'autre tiers audit Exposant, & tous de dépens, dommages & interêts : à la charge que ces Présentes feront enregistrées tout au long sur le Registre de la Communauté des Libraires & Imprimeurs de Paris, dans trois mois de la date d'icelles ; que l'impression de cet Ouvrage fera faite dans notre Royaume & non ailleurs, & que l'Impetrant fe conformera en tout aux Reglemens de la Librairie, & notamment à celui du 10. Avril 1725. Et qu'avant de l'expofer en vente le Manufcrit ou Imprimé qui aura fervi de copie à l'impreffion dudit Ouvrage, feraremis dans le même état où l'Approbation y aura été donnée, ès mains de notre très-cher & feal Chevalier, le fieur Dagueffau, Chancellier de France, Commandeur de nos Ordres ; & qu'il en fera enfuite remis deux exemplaires dans notre Bibliotheque publique, un dans celle de notre Château du Louvre, & un dans celle de notre très-cher & feal Chevalier le Sieur Dagueffau, Chancellier de France, Commandeur de nos Ordres ; le tout à peine de nullité des Prefentes : Du contenu defquelles vous mandons & enjoignons de faire joüir l'Expofant ou fes ayans caufe pleinement & paifiblement, fans fouffrir qu'il leur foit fait aucun trouble ou empêchement. Voulons que la copie defdites Prefentes qui fera imprimée tout au long au commencement ou à la fin dudit Ouvrage, foit tenuë pour dûëment fignifiée, & qu'aux copies collationnées par l'un de nos amés & feaux Conteillers & Secretaires, foi foit ajoutée comme à l'Original. Commandons au premier notre Huiffier ou Sergent de faire pour l'éxécution d'icelles, tous actes requis & neceffaires, fans demander autre permiffion, & nonobftant clameur de Haro, Chartre Normande, & Lettres à ce contraires : CAR tel eft notre plaifir. DONNE' à Paris, le douziéme jour de Février, l'an de grace mil fept cens quarante, & de notre Regne le vingt-cinquiéme. Par le Roy en fon Confeil, *Signé*, SAINSON.

Regiftré fur le Regiftre X. de la Chambre Royale des Libraires & Imprimeurs de Paris, Nº. 342. Fol. 323. conformément aux anciens Reglemens, confirmés par celui du 28 Février 1723. A Paris ce quinziéme Février mil fept cens quarante.
Signé, SAUGRAIN, Syndic.

AVIS
SALUTAIRES
D'UN PHILOSOPHE
CHRETIEN.

PREMIER JOUR.

De la Solitude interieure.

E souffle de l'Esprit Divin ne se fait point sentir au milieu des agitations & des tempêtes du monde. Qui veut entendre la voix du Seigneur, doit

A

impofer filence aux créatures tumultueufes ; il ne doit pas même
s'écouter. Quiconque prête encore l'oreille aux flateries de l'a-
mour propre, ne peut recevoir
parfaitement les impreffions de
l'amour furnaturel. Mon fils, fé-
parez-vous du monde ; cherchez
quelque folitude où vous puiffiez
paifiblement vous entretenir avec
Dieu.

Je me fuis autrefois imaginé
que la folitude dont je parle, ne
fe trouvoit que dans les Deferts ;
je croyois qu'on n'en goûtoit
bien les douceurs, qu'en fixant
fon féjour dans les Forêts & dans
les Montagnes. Il eft vrai que j'aime encore aujourd'hui ces fombres Retraites ; mais en même
temps je fuis perfuadé qu'elles ne
font pas les feuls endroits, où l'on
joüiffe du repos auquel je vous
confeille d'afpirer.

Il est une Solitude encore plus profonde & plus paisible que celle que je concevois; c'est la solitude du cœur. Dieu la fait trouver quelquefois au milieu des plus grandes Villes. Il y construit, quand il lui plaît, une maison de refuge pour ceux qui l'aiment: Maison d'autant plus solide, qu'elle porte sur le fondement de sa Sagesse éternelle; azile d'autant plus assuré, qu'il est invisible, & qu'on y peut être environné d'une foule de créatures, sans que le commerce qu'on y entretient avec le Créateur, en soit troublé.

En quelque endroit du monde que vous puissiez vous retirer, vous auriez lieu de craindre que le monde ne vînt vous y trouver. Caché dans le secret de la face du Très-Haut, vous n'aurez plus rien à craindre des importunités du monde.

Pour être solitaire , il n’eſt donc pas beſoin que d’un lieu vous vous tranſportiez dans un autre ; il eſt ſeulement néceſſaire que vous rentriez , & que vous vous recüeilliez en vous-même.

Pour vous élever , ne gagnez point le ſommet des plus hautes montagnes ; pour vous abaiſſer , ne deſcendez ni dans les vallées , ni dans les grottes les plus profondes. Pour faire avec ſuccès l’un & l’autre , qu’il vous ſuffiſe d’élever les yeux vers le Ciel , d’y faire voler votre cœur ſur les aîles des aſpirations ferventes , ou bien de deſcendre dans l’abyſme de votre néant ; de vous y tenir dans un humble ſilence , dans une crainte reſpectueuſe , avec un vif ſentiment des perfections divines , & de vos miſeres.

Que la Solitude , qui fait le ſujet de mon entretien avec vous , me paroît délicieufe! Je fouhaite que vous en connoiffiez le prix, & que vous partagiez les plaifirs qu'elle me caufe. Plaife à Dieu que vous y goûtiez cette paix, qui eft au-deffus de tout fentiment, & de toute expreffion! Plaife à Dieu, que toutes les fois que vous ferez étourdi par le bruit du monde, & le frémiffement des paffions, vous veniez vous y jetter aux pieds du Sauveur. Je vous affure, mon fils, que vous y trouverez des confolations, qui adouciront l'amertume des peines inféparables de notre condition mortelle.

LE DISCIPLE.

Quelles actions de graces n'ai-je point à vous rendre, mon Seigneur & mon Dieu! Vous avez exaucé la priere de mon Pere.

Voici, qu'au milieu du monde, je me trouve seul. Il me paroît un vaste Defert, dans lequel vous avez daigné me tendre un Pavillon. Mes paffions fe taifent par le fecours interieur de votre grace. Parlez donc à mon cœur, dites-lui que vous êtes le fouverain bien ; convainquez-le tellement de cette vérité, que tous fes defirs commencent & fe terminent en vous. Rendez ce cœur tellement fenfible à la douceur de votre préfence, & à l'impreffion de votre parole, qu'il puiffe dire, que je me fuis fondu auffi-tôt que mon bien-aimé m'a parlé.

Comment ne s'attendriroit-il pas, puifque vous ne lui parlez que d'amour ? Comment ne vous aimeroit-il pas, puifque vous ne vous offrez à lui qu'avec des charmes capables de le ravir ? Comment ne s'attacheroit-il pas à vous, puifque vous daignez vous-même vous attacher à lui ? Comment ne s'éleveroit-il pas vers vous, puifque c'eft vous-même qui l'attirez ?

O chaîne de l'amour de mon Dieu ! que je prends de plaifir à te porter ! mais que je crains qu'un amour étranger ne te rompe, pour m'engager dans la fienne.

Détournez de moi ce malheur, ô mon divin Maître ! Uniquement créé pour vous, je ne veux fervir que vous ; plutôt que de permettre que je porte un autre joug que le vôtre, ôtez-moi le fentiment, le mouvement, & la vie.

Je me fouviens qu'un de vos Serviteurs me difoit un jour, qu'il falloit mourir avant la mort. Je comprends aujourd'hui la néceffité de cette double mort. Avant donc que je fois enféveli dans le tombeau, enféveliffez-moi dans votre sacré cœur ; avant que je rentre dans la poussiere dont je suis formé, avant que je dorme avec mes Peres, faites-moi profondément entrer dans mon néant ; faites que je me repose dans les humiliations & l'obscurité, objets des vœux de ceux qui m'ont précédé dans la carriere de la vie intérieure.

Vivre interieurement, c'est mourir à tout ce qui n'est point Dieu, & n'avoir plus d'autre vie que celle que communique le souffle de son amour.

Heureuse vie ! heureuse mort ! quand éprouverai-je ce que vous avez de plus doux !

Passions terrestres, vûës mondaines, sensibilité de la nature, délicatesse de l'amour propre, retirez-vous, éloignez-vous, & je meurs. Passions surnaturelles, feux célestes, soûpirs enflâmés, transf-

ports fublimes, venez me pénétrer de vos plus vives ardeurs, &
je reffufcite. Dépoüillé du vieil
homme, & revêtu du nouveau,
(1) *Je croi voir les biens du Seigneur
dans la terre des vivans*; & je n'ai
plus d'autre defir que d'en obtenir la joüiffance.

Seigneur, augmentez fans ceffe en moi ce defir : je confens
même qu'il me tourmente, qu'il
me defféche, qu'il me faffe languir, comme une de vos fidelles
Servantes (2), & qu'il me con-
duife, s'il le faut, aux portes de
la mort, perfuadé que s'il a la force de les ouvrir, il affurera mon
bonheur éternel.

(1) *Credo videre bona Domini in terrâ viven-*
tium. Pfal. 26. 13.

(2) Sainte Therefe.

II. JOUR.

Des secours exterieurs de la Pieté.

MOn Fils, respectez, non-seulement les personnes pieuses, mais encore tout ce qui peut servir à inspirer & entretenir la Piété.

Si Dieu vous en a communiqué les sentimens, réjoüissez-vous, & rendez graces : le trésor que vous possedez, est d'un prix inestimable.

Faites valoir un si riche fond, ne souffrez pas qu'il devienne infructueux par votre négligence à le cultiver.

La piété veut être nourrie & entretenuë par toutes sortes de moyens légitimes & solides. Sans un soin particulier, elle·dégénere, elle se réduit à rien. L'ame que sa seule présence fertilisoit, devient aride par son absence, & mérite d'être privée de toute consolation.

Fréquentez les gens de bien, lisez les Livres que le Saint Esprit a dictés, & ceux où les Serviteurs de Dieu ont le mieux exprimé les sentimens de son amour.

La conversation des gens de bien édifie. L'onction de leurs paroles pénetre l'ame de celui qui les écoute ; à force de les voir, on souhaite de leur ressembler.

La lecture des Livres saints, jette des semences de vertu dans le cœur de quiconque sçait goûter les verités qu'ils renferment. La grace s'est servie de cette lecture, pour remporter les victoires les plus signalées ; tous les jours nous pouvons puiser, dans cette source intarissable, les leçons & les con-

folations dont nous avons befoin.

L'indifference, la timidité, la
politique, ou le défaut de capa-
cité, ferment la bouche à la plûpart des hommes, par rapport à
nous ; & souvent ils ne nous par-
lent pas, parce qu'ils ne le peuvent, ou ne nous disent rien de
ce qui nous seroit utile, parce
qu'ils n'osent le faire. Ouvrons
les Livres saints : en tous tems ils
nous instruiront, ils nous repren-
dront, ils éclaireront nos doutes, ils dissiperont nos craintes,
ils fortifieront, ils encourageront
notre foiblesse.

Mais si la main du Seigneur
n'a point préparé le cœur de
l'homme à recevoir l'impression
salutaire de l'instruction, les pieuses lectures & les discours édi-
fians ne lui feront produire aucun fruit. Ayez donc soin avant

que de lire, ou d'aller entendre
ſa parole, de le prier qu'il diſpoſe
le vôtre de telle façon, que la
vertu s'y imprime aiſément, &
qu'il porte toujours le caractére
Evangélique.

Vous devez encore aimer les
repréſentations, qui vous mettent
devant les yeux les Saints dans
l'exercice de leur foy, de leur
charité, de leur pénitence. Au
moins ces repréſentations réveil-
leront-elles en vous l'idée de vos
devoirs, & vous aurez le bonheur
de trouver en elles des cenſeurs
muets, qui vous repréſenteront,
mais efficacement, votre tiédeur
& votre relâchement dans la pratique de ces vertus.

Allez ſouvent dans les Maiſons
vrayement regulieres, où ſont
retirés ceux de vos Freres, qui
font profeſſion d'une plus grande
exactitude dans l'accompliſſe-

ment de la Loy. C'eſt-là, qu'à la faveur d'un exterieur modeſte, d'une charmante ſimplicité, d'une pauvreté contente, Dieu a ſouvent inſinué dans le cœur d'un amateur du monde, le dégoût & le mépris de ſes vanités. C'eſt là, qu'il tient en reſerve des tréſors de grace, & de miſericorde. Il entretient encore, dans ces aziles, quelques Prophetes, capables de porter ſon nom devant les Rois de la terre, & de conſerver l'Evangile au milieu de ſon peuple.

Tel eſt entré plein de l'amour du monde dans la cellule d'un de ces hommes dont le monde n'eſt pas digne, qui en eſt ſorti embraſé de l'amour céleſte, & pénétré des verités du ſalut. Tel auſſi conduit, ce ſemble d'abord, dans la ſolitude par un pur hazard, ou par la mélancolie, y a trouvé la paix du cœur, & éprouvé par un admirable changement, que le Seigneur avoit lui-même pris plaifir à l'y conduire.

Laiffez-vous toucher par des objets aufquels la plûpart des hommes font infenfibles ; pénétrez en efprit jufques dans le Ciel ; là, contemplez la grandeur des récompenfes que la liberalité Divine accorde à des actions, que le monde, dans l'excès de fa folie, n'a jamais regardées que comme les fuites d'une foibleffe, ou d'une petiteffe d'efprit.

Voyez de quel éclat font aujourd'hui revêtus dans le Ciel, ceux qui préfererent l'obfcurité des deferts, aux pompes des Palais : voyez l'abondance des richeffes de ceux qui fe condamnerent à la plus étroite pauvreté : voyez comment un torrent de délices inonde l'ame de celui, qui fait divorce avec tous les plaisirs du siécle : voyez comment les divines consolations inondent le cœur de celui, qui s'estimoit heureux d'être affligé pour son Dieu. Enfin, considerez à quel degré de gloire une vertu obscure éleve des Laboureurs & des Bergers, que le monde regardoit à peine, quand ils vivoient, & dont il est aujourd'hui forcé d'implorer la protection, & de célébrer le triomphe.

Un pluye continuelle inonde nos campagnes ; un vent froid regne à la place de la chaleur ; la colere du Très-Haut enflammée par nos crimes, nous fait voir dans la saison de l'Eté, une triste image de l'Hiver ; on a lieu de craindre les suites funestes d'une affreuse stérilité. A qui dans cette extremité, la France a-t-elle recours

cours? à l'interceſſion d'une Sainte qui nâquit à Nanterre (1) , &
dont la profeſſion fut de garder
les Troupeaux ; dans cette condition abjecte , ſa piété , ſa pureté , ſa modeſtie , attirerent ſur
elle les regards du Seigneur. Il l'a
transferée dans le ſéjour de ſa
gloire , où ſa puiſſance , atteſtée
par mille prodiges , la fait regarder comme l'Ange tutélaire de ſa
Patrie. Les Rois & les Grands de
la terre fléchiſſent le genouil devant ſon Tombeau ; la ſeule expoſition de ſes Reliques , raſſure
les peuples conſternés , la plus
grande , la plus ſuperbe des Villes,
celle même dont l'eſprit du monde s'eſt le plus emparé , la recon-
noît pour ſa protectrice. Ecrions-

____

(1) Dans le Texte original , il eſt parlé de
ſainte Edigue, ſainte de Baviére. Comme elle
n'eſt guéres connuë en France , le Traducteur
a ſubſtitué l'idée de ſainte Geneviéve.

B

nous, ô mon fils, avec le Prophete Royal : (1) *Nimis honorati sunt amici tui Deus, nimis confortatus est Principatus eorum.* Animez par les vûës sublimes que doit nous donner ce Passage, efforçons-nous d'être les amis de Dieu; prenons, pour mériter cet honneur, le même chemin qu'ont pris ceux qui y sont parvenus ; comme eux, méprisons le monde & sa gloire passagere; comme eux, ne perdons jamais de vûë la couronne préparée à ceux qui aiment Dieu, & qui le cherchent dans la simplicité de leur cœur.

Voulons-nous rendre les Saints sensibles à nos maux ; soyons sensibles aux exemples qu'ils nous ont laissés. Soyons leurs imita-

____

(1) *Vos amis, Seigneur, sont bien honorez, & la puissance que vous leur communiquez, se fait connoître avec un grand éclat.* Psal. 138. 17.

teurs fidéles ; fi nous fouhaitons
qu'ils foient nos puiſſans Protecteurs, aſſurons-nous leurs fecours
par une converſion fincére , &
croyons fermement qu'aucune
adverſité ne nous nuira , fi, comme eux, aucune affection défor-
donnée ne nous domine.

III. JOUR.

Des avantages d'une Piété solide.

MON Fils, j'ai peu de paroles à vous faire entendre, mais elles renferment un grand sens. Priez le Seigneur notre Dieu, de vous en donner l'intelligence, afin qu'elles vous soient utiles tous les jours de la vie.

Depuis l'instant où vous ouvrez les yeux à la lumiére, jusqu'à celui où vous les fermez pour prendre votre repos, ne soyez jamais sans crainte. Les jours sont mauvais ; la tentation est dans le Monde ; l'ennemi se tient par tout en embuscade, par tout il tend des piéges ; les insensés & les cœurs doubles y seront pris.

Marchez toujours avec la re-

tenuë, la circonfpection, la fimplicité, elles vous empêcheront
d'y tomber.

Les piéges qui s'aperçoivent
ne font pas les plus dangereux ;
ceux qui doivent vous infpirer autant de défiance que de crainte,
font ceux que la malice diaboli-
que a tellement cachés, que la
Sageffe elle-même a peine à les
découvrir.

Vous defirez d'être fage, mais
vous ne l'êtespoint encore. Un foible convalefcent oferoit-il fe pro-
mettre de marcher d'un pas ferme, où le plus robufte chancelle ?
L'Enfant confervera-t-il fa liberté,
où le Géant a perdu la fienne ?

Tenez toujours votre cœur entre vos mains ; votre cœur vous
échapera, fi vous négligez de
l'obferver de près. Veillez fans
ceffe à l'entrée, de peur que la
féduction ne s'y infinuë, & n'y

jette les femences des vices, qui
croîtroient , & que vous auriez
mille peines à extirper.

L'homme fait la guerre à l'homme , mais il eft lui-même fon plus
grand ennemi. L'amour déreglé
qu'il fe porte , eft l'origine de tous
fes égaremens.

Que votre foin principal , ô
mon fils , foit de détruire ce funefte amour propre. Apprenez à
vous connoître , & bien-tôt vous
apprendrez à vous haïr.

L'homme ne s'aime éperdû-
ment, que parce qu'il ne fe regarde point affez. S'il fe confide-
roit attentivement tel qu'il eft , il
fe feroit honte , & deviendroit le
principal objet ou de fon mépris ,
ou de fon indignation.

Si quelqu'un vous louë du bien
que vous faites , penfez que la
Grace en eft le principe , & ren-
voyez-en toute la gloire au Très-

Haut. Confiderez humblement
que la multitude de vos imperfections ternit à fes yeux le petit
nombre de vos vertus, qui brillent
aux yeux des hommes. Les enfans
d'Adam n'en voyent que l'écorce,
mais le Dieu du Ciel examine le
fond où elles ont pris racine ; il
voit les fruits qui en provien-
nent, il en obferve exactement
les différences, il en reléve tous
les défauts.

Comment un homme peut-il
s'enorgüeillir des loüanges que
lui donne un autre homme? Dieu
réprouvera peut-être en vous ce
qui fait la matiére des approba-
tions, & des éloges de vos femblables.

Mon Fils, prenez donc garde
à ne point vous laiffer aller à cette vaine complaifance, qui vous
perfuaderoit que vous êtes vertueux, parce que peut-être l'en-

tendez-vous dire. Au contraire, défiez-vous des loüanges des hommes, ils sont tous menteurs; se tromper les uns & les autres, est leur occupation ordinaire.

Que les talens, les connoissances, & toutes les choses estimables que vous tenez de la liberalité Divine, loin de vous enfler d'orgüeil, vous tiennent perpetuellement en crainte. On demandera beaucoup à celui qui a beaucoub reçû. Le juste Juge fera rendre compte de tous ses dons. Il n'examinera pas si vous avez été habile dans les Sciences & dans les Arts; mais si votre conduite a été humble, modeste, réguliere, & si sa parole a toujours réglé vos démarches.

Le Ciel & la Terre passeront, mais la parole du Seigneur ne passera point. Les hommes inconstans passeront sans cesse de l'amitié l'amitié à l'indifference, & de l'admiration au mépris ; mais la Loy du Seigneur fera fidelle à celui qui l'aura toujours portée au milieu de fon cœur.

Quand tout abandonnera le Jufte, la parole éternelle demeurera avec lui pour le confoler ; elle le dédommagera de tout ce que le malheur des temps, ou l'injuftice des hommes lui fera perdre.

Sous les coups de l'adverfité, le Jufte fe fouviendra des promeffes que fait le Seigneur à ceux qui fouffrent pour l'amour de lui. Il fe réjoüira même d'avoir été trouvé digne de participer aux opprobres de la Croix. Ils lui fourniffent un moyen sûr d'expier tant de fautes, dont la fragilité humaine le rend coupable, convaincu que fi rien de vicieux ne refte impuni, rien auffi de ver-

tueux ne demeure fans récompenfe. Le Jufte prend patience
dans l'attente de la Couronne,
réfervée à ceux dont la foy aura
foutenu l'épreuve de la tribula-
tion !

Heureux donc celui qui n'aura
pas endurci fon cœur, quand la
divine parole eft parvenuë jufqu'à
lui.

Heureux celui qui, fenfible
aux charmes de la piété, fent par
une douce expérience, combien
elle eft agréable, combien elle
eft utile. Il n'eft rien en effet,
mon Fils, dont nous tirions tant
d'avantages, que des fentimens
d'une piété folide. Elle modére
nos defirs, elle adoucit notre humeur, elle polit nos maniéres.
Dans le temps de la profperité,
elle nous rend humbles, modef-
tes, complaifans, officieux ; & fitôt que les jours deviennent mau-

vais, elle foutient notre courage, elle écarte l'impatience & le chagrin, elle nous fert de confolation dans nos maux, & de refuge contre nos ennemis. La Piété nous conduit au pied des faints Autels, elle y forme dans nos cœurs des foupirs & des plaintes, aufquelles le Seigneur n'eft jamais infenfible ; elle nous fait regarder comme un gain confiderable, les pertes qui nous engagent à recourir à lui. Avec elle, nous trouvons dans l'indigence & dans les larmes, un contentement que ni les richeffes, ni les plaifirs, ne peuvent procurer aux impies.

Mon Fils, eftimez-vous heureux toutes les fois que, rentrant en vous-même, vous y découvrirez quelques femences de vraye piété. Vous ne les avez pas jufqu'à prefent cultivées avec affez

de foin , peut-être même avez-
vous fouvent apporté de grands
obftacles à leur accroiffement ;
mais enfin vous ne les avez point
étouffées. Le goût que vous faites paroître pour tout ce qui porte
le caractére refpectable de la Religion , me prouve qu'elles fub-
fiftent encore , & qu'avec le fecours de la grace , elles produi-
ront des fruits de falut.

C'eft vous , mon Dieu , qui les
avez jettées dans l'ame de ce cher
Difciple ; c'eft à vous à les faire
croître ; empêchez que l'ennemi
ne les enleve , & ne fubftituë à
leur place les femences du vice
& de l'impiété. Faites-lui fentir
toute la douceur attachée à l'accompliffement de votre Loi. In-
troduifez-le dans le Jardin délicieux des Ecritures, où les humbles & les pauvres d'efprit fe raf-
fafient des fruits qui donnent l'im-

mortalité, & boivent l'eau qui rejaillit jusqu'à la vie éternelle. Rendez la vûë de son ame pénétrante, afin qu'elle découvre les perfections de votre Estre, & qu'elle entretienne dans son cœur un desir continuel de s'unir à vous. Faites-lui rechercher la retraite, le silence, l'obscurité, afin qu'il y joüisse, sans trouble, de votre présence, & qu'il y entende cette parole de paix, de consolation & d'amour, que vous adressez à ceux qui rompent avec le monde, pour s'attacher uniquement à vous.

Mon Fils, mon cher Fils, ne cherchons jamais que Dieu, c'est le moyen le plus sûr de le trouver. Dans tout ce que nous pensons, dans tout ce que nous disons, dans tout ce que nous faisons, proposons-nous de lui plaire, de procurer sa plus grande

gloire, & d'accomplir fa volonté.

Recüeillons-nous en lui-même,
à la vûë des objets qui ne femblent propres qu'à nous en dif-
traire ; rapportons à fon amour
tout ce que nous voyons, & tout
ce que nous entendons de beau,
de touchant, & de fublime.

Que les traits gracieux des
créatures, nous rappellent à fon
ineffable beauté ; que notre foibleffe nous engage à recourir à
fa force, que nos befoins nous
faffent adorer fa providence, que
l'air que nous refpirons, que la
nourriture que nous prenons, que
les habits que nous portons, que
tout ce qui fait quelque agréable
impreffion fur notre efprit, fur
notre cœur, fur nos fens, nous
porte à lui exprimer les fentimens
de la plus vive reconnoiffance.
Faifons-nous une fainte habitude

de nous préſenter devant Dieu, comme des enfans devant un bon pere ; & pour nous exciter à l'aimer toujours de plus en plus, donnons-lui les noms les plus capables d'animer notre confian-ce & notre tendreſſe.

Trompons les yeux du monde. Menons extérieurement une vie commune, mais intérieurement efforçons-nous d'imiter les ſaints Anges, en nous proſternant de-vant le Trône de la Majeſté fu-prême, en chantant ſes loüanges, & le Cantique de ſon amour ; rempliſſons-nous d'idées ſubli-mes, & qu'ainſi, l'avant-goût des délices céleſtes, nous faſſe trou-ver fades tous les plaiſirs de la terre.

Je me rappelle avec un ſenti-ment de joye que je ne puis ex-primer, certains jours où la con-templation m'ouvrant, pour ainſi dire, les portes du Ciel, les pompes de l'Eternité faisoient non-seulement disparoître les horreurs de ma prison, mais prêtoient encore des charmes à la mort même.

Si nous travaillons, que ce soit avec une sainte gaité. Considerons, pour l'entretenir, qu'après avoir offert notre travail au Seigneur, nous ne pouvons qu'espérer d'en être récompensés. Goûtons combien il est doux de servir un Maître qui ne récompense point autrement ses fideles serviteurs, qu'en se donnant lui-même à eux. Que tout nous paroisse petit, vil, & méprisable en comparaison des communications divines.

Aimons la solitude, & pour en écarter le dégoût & l'ennui, occupons-nous toujours de quelque chose, qui puisse engager les

ſaints Anges à nous y tenir compagnie.

Elevons ſouvent notre voix
pour chanter des Pſeaumes & des
Hymnes ; que le travail de nos
mains ſoit toujours accompagné
de pieuſes penſées, & de ferventes aſpirations : repréſentons-
nous, pour les entretenir, que les
Eſprits céleſtes portent juſqu'au
Trône du Très-Haut nos vœux,
nos ſoupirs, & nos voix.

Faiſons tout ce qui dépend de
nous, pour nous paſſer des conſolations extérieures, & pour
obliger la nature à ſe contenter
de peu. Enfin, ſi nous voulons
nous ſuffire à nous-mêmes, évi-
tons la diſſipation, gardons le
ſilence, travaillons, prions, mé-
ditons, attirons l'Eſprit du Seigneur, & que lui ſeul nous ſuffiſe.

IV. JOUR.

De la pureté de cœur.

LA pureté de cœur eſt un don d'un prix ineſtimable ; Demandez-la, mon Fils, préferablement à toutes les faveurs céleſtes qui font l'objet de nos vœux.

Le Seigneur a dit : *Bienheureux ceux qui ont le cœur pur, parce qu'ils verront Dieu ;* ils le verront même avant que la mort déchire le voile qui le cache aux yeux de leur ame. Toute enfermée qu'elle eſt dans la priſon du corps, l'ame pure aura la conſolation de l'entrevoir, & de percer l'épaiſſeur des ténébres dont elle y eſt comme enveloppée.

Dieu qui eſt la pureté même, ſe communique dès cette vie, d'une maniere ineffable, à ceux qui aiment cette vertu.

Les hommes qui ouvrent leur cœur à toutes les créatures, mettent un obſtacle aux communications du Créateur. Les illuſions que lui font les objets ſenſibles, les veſtiges impurs que la plûpart y laiſſent imprimés, rebutent l'œil qui ne peut rien ſouffrir de ſoüillé. Dieu ne ſe plaît que dans un cœur, tellement fermé aux créatures, qu'il n'y ait que lui ſeul qui puiſſe y pénétrer. Le céleſte Epoux ne ſe repoſe point dans ces Jardins ouverts, où il eſt libre à un chacun d'entrer. Il ne boit point de l'eau de ces fontaines où tout vient s'abreuver, juſqu'aux plus vils animaux (1).

(1) *Hortus concluſus...fons ſignatus.* Cant. 4. 12.

Il ne trouve agréable que l'eau de la Fontaine qui porte le Sceau de ſon amour : Sceau myſtérieux dont la vertu eſt ſi puiſſante, qu'elle en écarte tout ce qui n'eſt point céleſte. Le Jardin de l'Epoux, eſt celui qu'une haye vive & impénétrable garantit des ravages des bêtes feroces, & des larcins des paſſans.

Cette conſideration doit nous engager, mon Fils, à rechercher avec un ſoin extrême le précieux tréſor de la pureté de cœur. Si rien ne lui eſt plus contraire que l'amour des créatures ; rien auſſi ne contribuë tant à la produire, & à la conſerver, que l'amour du Créateur.

Le divin Amour met ſur le cœur de l'homme, un Sceau que les Puiſſances de l'Enfer & du monde, s'efforcent de rompre, mais toujours en vain, quand la vigilance, la circonspection, la ferveur, & la priere en conservent la respectable empreinte. C'est la circonspection, mon Fils, qui forme cette haye impénétrable aux bêtes feroces ; c'est-à-dire, aux péchés qui étouffent la charité ; c'est elle qui empêche les larcins des passans, en s'opposant aux imperfections qui en ralentissent l'ardeur.

Celui qui veut entretenir la propreté de ses Jardins, ne se contente pas d'en interdire l'entrée aux animaux qui laissent par tout où ils passent des traces odieuses de leur fureur, il en écarte encore jusqu'aux enfans, dont la main indiscrete pourroit en enlever quelque fleur, ou quelque fruit. Telles sont les précautions d'un homme qui connoît le prix de la pureté de cœur; il n'évite pas seulement les péchés confiderables qui peuvent anéantir cette qualité, mais encore les moindres fautes qui pourroient l'altérer.

Confervez, dit-il, ô mon Dieu! ce Jardin qui eft l'ouvrage de vos mains ; vous avez verfé fur lui la rofée de votre grace, & la terre eft devenuë fertile : vous y avez fait couler les eaux de la pénitence, toutes les herbes empoifonnées font mortes, & les fleurs & les fruits de la juftice y ont pris naiffance par votre grace.

Vous-même y avez planté ces lys, dont la blancheur a pour nous tant de charmes, c'eft à vous à les conferver. Le terrain où ils croiffent, eft mauvais de fa nature, la tige qui les foûtient eft fragile ; & l'endroit où je tâche de les cultiver, eft expofé au fouffle empefté du monde. Je crains que les paffions ne s'en rendent maî-

treſſes, je crains qu'il ne s'y en-
gendre quelqu'un de ces inſectes
deſtructeurs, d'autant plus dangereux, qu'ils ſont preſque imperceptibles. Seigneur ! prenez
donc ſoin d'engraiſſer ce terrein
arride, par l'onction de votre parole. Appuyez la tige de mes vertus, ſur la force de votre bras.
Environnez-les de la garde puiſſante & formidable de vos ſaints
Anges : ſur tout, protégez-les à
l'ombre des aîles de votre divin
amour ; alors vous viendrez vous
repoſer dans mon cœur ; je vous
y verrai, parce qu'il ſera pur ; ſi
je vous vois, pourrai-je ne pas
vous aimer ? Et de quelles ſatis-
factions intérieures ne jouirai-je
pas, ſi je vous aime ?

V. JOUR.

De l'Humilité.

QUand Dieu vous fait aimer la vertu, quand il excite en vous le defir de l'éternelle félicité, confiderez, mon Fils, qu'il vous accorde la plus grande grace qu'un mortel puiffe obtenir ici-bas. Recevez cette faveur avec un fentiment de reconnoiffance, d'autant plus vif, qu'il eft très-peu de perfonnes qui joüiffent d'un femblable avantage.

Combien en voit-on qui ne fentent point du tout la dignité de leur ame, qui la laiffent aller où le poids du corps l'entraîne; qui, bien loin de faire quelque effort, pour lui procurer la lumiere & la liberté des enfans de Dieu,

aiment

aiment l'obſcurité de la priſon, dans laquelle elle eſt renfermée? Conſervez cherement le goût de la piété ; ne craignez même rien tant que de le perdre. Entretenez la noble & ſainte ardeur qui nous porte à nous élever au-deſſus des préjugés du monde. Aſpirez ſans ceſſe à cet état heureux , où l'homme vainqueur de ſes paſſions , poſſede ſon ame en paix , & n'eſt dominé par aucune créature.

Si vous faites quelque progrès dans la vertu , prenez garde que l'orgüeil ne s'en prévale. L'orgüeil eſt un ver qui ronge les meilleurs fruits , ſouvent ſans qu'on s'en apperçoive. L'orgüeil eſt un poiſon qui ſe communique inſenſiblement , qui gâte & qui corrompt tout le bien que nous pourrions faire.

Un homme tranſporté tout-à-coup au sommet d'une haute montagne, peut-il regarder, sans frémir, les précipices qui l'environent? peut-il n'être pas saisi de frayeur, quand il pense que le moindre étourdissement peut lui causer une chûte funeste? Frémissez, mon Fils, soyez saisi de frayeur; transporté sur une haute montagne, c'est-à-dire, élevé par la toute puissante main de Dieu, au-dessus de la condition des vicieux, vous devez toujours regarder avec crainte l'abysme affreux où vous pouvez retomber à chaque instant; votre chûte seroit d'autant plus rude & plus funeste, que vous auriez été plus élevé.

Quel est le Sage qui se connoît, & qui ne tremble point à la vûe de sa foiblesse? Il n'y a presque point de vertus à l'épreuve des tentations, les hommes les plus fermes ont été ébranlés; un feul faux pas leur a caufé des chûtes, dont la plûpart ne fe font pas relevés.

Qui ofera donc s'enorgüeillir, & s'affurer de refter un feul jour dans l'état où il fe trouve ? Ne fommes-nous pas environnés d'une foule d'objets féducteurs, dont le moindre peut non-feulement ébranler notre vertu, mais encore la détruire?

Ainfi, tenez-vous toujours en la prefence du Seigneur, dans un efprit de crainte & de dépendance. Il favorife les humbles, il réfifte aux fuperbes.

L'Humilité, mon Fils, eft de toutes les graces, celle que vous devez lui demander avec le plus d'empreffement; la vertu ne peut être affurée qu'autant que l'humilité lui fert de fondement.

Toutes les fois que vous aurez

évité quelque mal , ou pratiqué quelque bien, humiliez-vous profondément devant l'Eſtre des Eſtres ; ſans ſon ſecours, ne vous ſeriez-vous pas porté aux extrémités les plus vicieuſes ?

Il me ſemble que de toutes les maladies de l'ame , il n'en eſt point à laquelle nous puiſſions apporter un remede plus prompt qu'à l'orgüeil ; nous en avons en nous-mêmes le contre-poiſon. Rentrons donc en nous-mêmes. Si le prodigieux amas de nos miſeres , de nos foibleſſes , & de nos folies , ne nous humilie point , avoüons que nous ſommes , ou bien inſenſibles , ou bien inſenſés. Quand nous nous fuyons , quand nous nous oublions , quand nous nous maſquons nous-mêmes à nous-mêmes , faut-il s'étonner ſi toujours trompés , nous cherchons à tromper les autres ? Si nous nous estimons meilleurs qu'eux, si nous nous élevons au-dessus d'eux, & si nous regardons nos œuvres avec une criminelle complaisance ?

L'ignorance est la mere de l'orgüeil. Seigneur, faites-nous donc connoître ce que nous sommes, & bien-tôt nous connoîtrons ce que vous êtes. Notre impuissance pour le bien, nous apprendra à ne rien attendre que de vous ; & le penchant qui nous entraîne au mal, nous fera marcher avec crainte & circonspection, au bord du précipice que l'esprit de superbe creuse sans cesse sous nos pas.

Il est juste que vous nous laissiez des foiblesses, afin que nous nous humilions, & que nous ne présumions point de nos forces. Accordez-nous cette grace, qui peut nous rendre utile le senti-

ment de ces mêmes foiblesses,
& sans laquelle une sacrilége audace, nous portetoit plutôt à
vous les imputer, qu'à nous les
reprocher. Rendez-nous petits à
nos propres yeux, afin que nous
soyons grands aux vôtres. Faites
que nous ne cessions jamais de
nous craindre ; & que la défiance
que nous avons de nous, égale
la confiance que nous devons
avoir en vous. Faites-nous gémir
sous le poids de la mortalité ; mais
donnez - nous en même temps
assez de force pour en soutenir la
pesanteur, afin qu'il ne nous entraîne point dans l'abysme ; & que,
lorsque vous nous aurez revêtu
de l'immortalité, nous vous bé-
nissions éternellement, vous qui
élevez les humbles en gloire, &
qui confondez les superbes.

Rappellez, mon Fils, ce que
l'Eglise célébre chaque année dans

la glorieuse Assomption de la Mere de Dieu. Les voûtes sacrées retentissent alors de ses loüanges ; par tout nos saints Cantiques nous font concevoir la plus magnifique idée de son triomphe.

Marie, disent-ils, vient d'être enlevée dans le Ciel ; les Anges s'en réjoüissent ; ils chantent d'un commun accord leur Reine, qui vient de faire son entrée dans cet auguste Palais, où les Astres forment le Trône du Roi des Rois.... Qui est celle qui s'éleve du desert, comblée de délices, & tendrement appuyée sur son Bien-aimé ?

C'est la plus humble des Vierges. Le magnifique appareil dont les yeux de l'ame sont éblouïs, & qu'elle ne se lasse point d'admirer, est le fruit de ses profonds anéantissemes. C'est à son humilité qu'elle est redevable du rang

qui la met au-deſſus des Chœurs
des Anges, dans le céleſte Empire.

Quelle idée ne devons - nous
pas nous former d'une vertu qui
charme le Très-Haut? C'eſt elle
qui fait le bonheur & la gloire de
Marie.

Marie a toujours aimé le dernier rang ſur la terre ; le Seigneur
lui accorde le premier dans ſa
Cour. Elle n'eſt aux yeux de l'U-
nivers la plus grande & la plus
glorieuſe des créatures, que parce qu'elle en a toujours été la
plus petite à ſes propres yeux, &
la plus humble aux yeux de l'E-
ternel.

Il eſt donc bien plus expédient,
mon Fils, d'être obſcur, incon-
nu, mépriſé dans la Maiſon du
Seigneur, que de paroître avec
éclat dans les Tabernacles des
pécheurs.

Un

Un jour viendra, que la baſſeſſe des grandeurs d'ici-bas ſera reconnue, & que la ſublimité des vertus qui s'y cachent ſous le voile de l'humilité, ſera manifeſtée.

Le monde lui-même, tout aveugle qu'il eſt, conviendra que la gloire & la puiſſance des humbles, méritent ſon admiration & ſes hommages.

Voyez, mon Fils : les plus grands Rois viennent aujourd'hui dépoſer leur Sceptre & leur Couronne aux pieds de Marie. Ils viennent mettre leurs Perſonnes & leurs Etats ſous la protection de celle qui n'a jamais pris d'autre titre, que celui de Servante du Seigneur.

Mettez-nous donc, Vierge ſainte, la plus élevée de toutes les créatures, parce que vous avez été la plus humble ; recevez-nous au nombre de vos plus fidéles serviteurs. Prosternés en esprit devant ce divin Enfant que vous nous montrez, & dont votre humilité vous rendit Mere, nous venons reconnoître notre néant, & vous exposer nos miseres. Enfans d'Adam par nature, & malheureux heritiers de sa désobéissance ; comme lui, nous n'écoutons que trop ce que nous suggere le Prince des superbes. Obtenez-nous la grace d'étouffer ce monstre, vous qui de toute éternité, fûtes destinée pour lui écraser la tête. Qu'à la vanité secrete, à l'ostentation, & à la présomption dont il nous a rendu coupables, succedent cette humilité profonde, cette modestie sincére, & cette sage défiance de nous-mêmes, qui, après nous avoir donné quelques traits de ressemblance avec vos vertus, nous méritent le bonheur d'être éternellement témoins de votre gloire.

LE DISCIPLE.

Il est bien juste, mon Pere, que je n'aye jamais que de bas sentimens de moi-même. Si j'en concevois d'autres, je me rendrois incomparablement plus méprisable que je ne le suis. Alors je ne me servirois plus de ma raison, dont, graces à Dieu, il me semble que je commence à faire quelqu'usage. Elle m'apprend que je n'ai de mon propre fond, que des foiblesses & des miséres. Ce fond renferme non-seulement les germes de toutes les folies, mais aussi ceux de tous les crimes imaginables.

Je n'ai qu'à rentrer en moi-même, pour y découvrir le plus humiliant des spectacles.

Quelle complication d'erreurs dans mon entendement, que de superfluités dans ma mémoire, que de phantômes dans mon imagination, quelle dépravation dans ma volonté !

Si le bien m'est proposé, je ne remarque en moi que des dégoûts, des lenteurs, des délais, des négligences ou des refus. Si c'est le mal, je ne sens plus qu'ardeur, empressement, emportement, passion & promptitude.

Comment osererois-je m'en orgüeillir après cette expérience? Ne suis-je pas forcé d'avoüer que celui qui préfere le mal au bien, (sous quelque prétexte que ce soit qu'il lui donne cette indigne préference) ne mérite pas même d'être appellé homme raisonnable.

Il faut donc que je me regarde la plûpart du tems comme un vil animal, qui, n'ayant que l'inſtinct pour guide, ne ſe livre qu'aux impulſions de la matiére.

C'eſt auſſi dans ce ſens que je m'applique ce paſſage : *Ut jumentum factus ſum apud te* (1). Mais je ne dis point aſſez. On dompte les animaux les plus rebelles, on apprivoiſe les plus ſauvages ; & moi, je ne plie point ſous le joug de la raiſon ; je ne peux ſouffrir le frein de la loy ; je réſiſte à la Vérité ; je ne me familiariſe point avec la Sageſſe.

Aurois-je bonne grace, après cela, de me prévaloir du titre d'homme raiſonnable, puiſque, juſqu'à ce jour, je n'en ai point rempli les devoirs ?

Mon Dieu, dans quel état ſuis-je devant vous ! qu'il eſt abject, honteux & mépriſable ! mais que vous êtes bon, puiſque vous per-

(1) Je ſuis devenu comme une bête en votre préſence. *Pſal.* 72. 23.

mettez que je reconnoisse au moins mon néant, & que je sente le poids de mon iniquité ! Je viens me jetter à vos pieds, pour vous prier de m'en décharger. Vous avez dit : *Venez à moi, vous tous qui travaillés, & qui êtes chargés, je vous soulagerai* (1). Soulagez-moi donc, Seigneur ; & puisque je me reconnois incapable de tout bien, & capable de tout mal, jettez un regard de compassion sur mon impuissance pour l'un, & reprimez la fougue qui m'emporte vers l'autre. Que l'usage de la raison, dirigé par votre grace, me distingue dans le tems, des Animaux, des Payens, des Barbares ; qu'elle m'inspire les sentimens des Justes, & qu'elle m'obtienne la Couronne qui leur est réservée dans l'Eternité.

______

(1) *Venite ad me omnes qui laboratis, & onerati estis, & ego reficiam vos.* Matth. 11. 18.

VI. JOUR.

Du Juste & du Pécheur,

O U

Réfléxions sur ces paroles de l'Ecriture :

Justum deduxit Dominus per vias rectas, & ostendit illi regnum Dei.

Le Seigneur a conduit le Juste par des voyes droites ; il lui a fait voir le Royaume de Dieu. *Sagesse* 10. 10.

MOn Fils, le Juste & le Pécheur sont tous deux formés du même limon, tous deux assujettis aux mêmes loix, tous deux obligés de marcher par le même chemin, tous deux appellés au même terme ; cependant ils ne se ressemblent presqu'en rien ; deux esprits opposés l'un à l'autre les animent ; & leurs ames, quoique les mêmes au fond, n'ont pas plus de rapport entré elles, qu'il y en a de la lumiére aux ténébres, & de l'esprit à la matiére.

L'ame du Juste se détache incessamment du corps, & s'éleve vers le Ciel. L'ame du Pécheur prend plaisir à se renfermer dans la prison du corps, & se tient continuellement courbée vers la terre.

Le Juste souffre avec confusion la révolte des sens, & le tumulte des passions. Le Pécheur aime tout ce qui peut l'entretenir. Le Juste étend ses vûës ; le Pécheur les resserre. L'un vit comme s'il devoit mourir à toute heure ; l'autre, comme s'il devoit toujours vivre. Le premier envisage toujours l'Eternité ; le second ne regarde que le tems.

Le Pécheur marche par un chemin que lui ont frayé ſes ſemblables, ou qu'il s'eſt fait à lui-même : le Monde lui montre de faux biens, il les pourſuit avec ardeur ; rien ne lui paroît mériter mieux ſes empreſſemens, que les richeſſes, les honneurs, & les plaiſirs.

Le Juſte ne s'écarte jamais de la route que Dieu même lui a tracée ; jamais il ne détourne ni ſes yeux, ni ſes pas, du terme qu'il lui a montré ; la vûë de ſon Royaume l'encourage dans ſes peines, le ſoutient dans ſes travaux, le fortifie quand il eſt foible, le reléve quand il tombe ; il paſſe courageuſement par toutes les épreuves qui lui ſont préparées ſur la terre ; ſa force augmente à meſure qu'il ſe repréſente la gloire, les plaiſirs & le repos, qui lui ſont deſtinés dans le Ciel.

Les mêmes biens ne font-ils pas offerts au pécheur ? oüi, fans doute; mais ce qu'il peut efpérer, le touche moins que ce qu'il voit, & ce qu'il tient.

Les biens infinis qui lui font promis dans la terre des vivans, ne lui paroiffent rien, en comparaifon de ceux dont il joüit à l'ombre de la mort.

Le Jufte vit de la foy; la foy du pécheur eft morte. Dans les objets, grands & fublimes, qui frapent l'un, l'autre ne découvre rien du tout, ou ce qu'il y aperçoit, lui femble fi peu de chofe, qu'il ne fe met point en peine de le rechercher.

Les yeux du Jufte font donc bien perçans, & l'aveuglement du pécheur bien déplorable !

Le monde fait entrer le pécheur dans un agréable Dédale; il s'y plaît, il s'y égare, il y périt

enfin, devenu la proye d'un mon-
ftre qui le dévore. Dieu conduit
le Jufte par un fentier droit, épineux , rude & difficile, il y marche, finon, toujours avec une joie
fenfible , au moins avec une confiance entiére. Sous les yeux d'un
tel guide, il ne peut s'égarer ; il
trouve à la fin de cette pénible
carriere , un repos fi grand , & des
plaifirs fi purs, qu'il eft parfaitement dédommagé de toutes fes
fatigues !

N'eft-ce point parler impro-
prement, que d'appeller fatigue
ce que le Jufte met au nombre
de fes plaifirs ? Les vives expreffions de faint Paul, ne nous prou-
vent-elles pas qu'il étoit comblé
de joye au milieu des plus cruel-
les afflictions ? Rien ne lui faifoit
perdre de vûë le Royaume de
Dieu. Chaque pas qu'il faifoit
vers la mort, lui paroiffoit une

démarche utile & glorieuſe. Le
feu de la perſécution ne ſervoit
qu'à ranimer celui de ſon zéle ;
les occaſions de ſouffrir lui deve-
noient d'autant plus chéres, qu'en
augmentant le poids de ſes travaux , elles augmentoient auſſi le
poids de ſes mérites. Les naufrages , les mauvais traitemens , l'é-
xil, la captivité , l'indigence , la
faim , la ſoif, la nudité , les in-
ſultes, les mépris, les calomnies,
les chagrins , étoient pour lui des
ſources de conſolation. Que
voyoit-il dans ces douloureuſes
épreuves , ſinon des moyens d'é-
purer ſa vertu ? Les veilles , les
inquiétudes, les fatigues , les infirmités , l'ont extenué ; il ſe ſoutient , il reſpire à peine , il n'a
plus qu'un jour à vivre, nouveau
ſujet de joye pour le grand Apôtre ! Il s'écrie dans un heureux
tranſport : Je vois la fin d'un glo-

rieux combat ; j'ai fourni ma carriere, je touche au terme ; l'efpérance d'être éternellement heureux, eft appuyée fur la fermeté
de ma foy ; mon ame va s'unir à
Dieu ; les afflictions qui ont tra-
verfé ma vie, me paroiffent autant de fleurs qui embelliffent la
Couronne qu'il m'a préparée.

Le Royaume de Dieu forme
donc aux yeux du Jufte un point
de vûë, d'où part une vive lumiére, qui', réfléchie, pour ainfi
dire, fur les plus triftes objets
dont il eft environné, en diminue
non-feulement l'horreur, mais leur
prête encore une nouvelle beauté
qui le charme.

Cette lumiére eft accompagnée
d'une chaleur qui pénétre fon
cœur, qui le dilate, & lui donne
cette étenduë, à la faveur de laquelle David ne marchoit pas
fimplement, mais couroit, voloit

dans la carriere des Commande-
mens de Dieu : *Viam mandatorum
tuorum cucurri, cum dilatasti cor
meum* (1).

Les vents qui soulevent les flots,
les sables brûlans, les déserts ari-
des, les montagnes de glace,
n'empêchent point l'avare de voler aux richesses. La course de
l'ambitieux est à peine retardée
par les rochers escarpés, par des
fleuves profonds, dont le fer &
le feu lui disputent le passage. Le
voluptueux ne s'expose-t-il pas à
l'intemperie de l'air ? ne devore-
t-il pas toutes sortes de chagrins ?
ne surmonte-t-il pas toutes sortes
de difficultés ? ne tente-t-il pas
même souvent les plus périlleuses
avantures, pour parvenir à son
but ? Il est un temps où les uns &

(1) J'ai couru dans la voye de vos Com-
mandemens, lorsque vous avez élargi mon
cœur. *Psal.* 118. 32.

les autres s'abſtiennent de tout, diſſimulent tout, ſouffrent tout, triomphent de tout, pour un peu de poudre d'or, pour un vain ti-tre, pour un plaiſir imaginaire. Le Juſte fera-t-il moins pour mé-riter la Couronne immortelle, que les pécheurs ne font pour en obtenir une corruptible ?

Mon Fils, percez ce nuage de triſteſſe, qui ſe préſente à l'en-trée du chemin qui conduit à la gloire, & bien-tôt, à la faveur d'une grande lumiére, vous dé-couvrirez tant de biens, tant de plaiſirs, que votre ame pourra contenir à peine la joye dont elle ſera comblée !

Dieu vous accompagnera, ſa main vous ſoutiendra dans les pas difficiles ; à meſure que les hom-mes chercheront à reſſerrer votre cœur par la dureté de leurs trai-temens, il l'étendra par la douceur de ſes conſolations.

Si vous êtes éxilé, le Seigneur ne vous abandonnera point ; ſi vous êtes malade, il ne s'éloignera pas de vous ; vous deviendrez l'objet de ſa compaſſion, & de ſes plus charitables ſoins. Si vous êtes jetté dans un cachot obſcur, il y fera deſcendre ſa ſageſſe avec vous (1).

Il eſt vrai qu'avec les yeux du corps, vous ne verrez rien dans ces differens états, que de triſte & de rebutant. Cependant les yeux de votre ame entre-verront les charmes du Royaume de Dieu ; & dans le deſir extrême qu'elle aura de le poſſeder, le joug du Seigneur lui ſemblera doux, & le poids de la douleur lui paroîtra leger.

Que n'ont point entrepris ceux auſquels le Seigneur a montré

____
(1) Sageſſe 10. 13.

ſon

ſon Royaume ? Ils ont rejetté les plaiſirs des ſens, mépriſé les ri-cheſſes, embraſſé les travaux, af-fronté les dangers, paſſé les mers, pénétré juſqu'aux extrémités du monde, pour en donner la con-noiſſance aux Nations les plus barbares.

Souvent leur zele leur a coûté la vie, mais la mort avoit pour eux des charmes. En vain la cruau-té la plus ingénieuſe s'efforçoit-elle de la rendre amére, odieuſe, épouventable, ils n'avoient pas moins d'empreſſement pour elle. Le jour qui les voyoit expirer au milieu des plus affreux ſupplices, étoit pour eux le jour de leur triomphe. Belles ames! l'idée ſeu-le du poids de gloire qui vous étoit promis, contre-balançoit vos travaux ; vous poſſedez au-jourd'hui le Royaume qui fit l'ob-jet de vos vœux, & vous croyez

que fa conquête ne vous a prefque rien coûté.

Tel eft, mon Fils, l'empreffement des Juftes pour des biens
qu'ils ne voyent qu'avec les yeux
de la foy. Je vous ai déja dit quelque chofe de la paffion qu'ont les
pécheurs pour les faux biens du
monde, il me refte à vous expofer plus en détail, à quel prix ils
achetent les fatisfactions des fens.

Les pécheurs donnent tout à
leurs corps, & refufent tout à
leur ame. Hors le travail & l'application qu'éxigent d'eux l'ambition, l'avarice, & les paffions
dont ils font efclaves, tout travail, toute application leur eft infupportable.

Sourds à la voix de la raifon,
ils n'écoutent que celle de leurs
préjugés. La crainte, difent-ils, de
donner dans les excès de la fu-
perftition, les porte à fe refufer à

ce que la révélation a de plus au-
tentique, & à la tradition la plus
respectable, tandis qu'ils se livrent
sans peine, à ce que la licence des
raisonnemens humains, enfante
d'opinions monstrueuses, bizarres
& ridicules.

Vifs jusqu'à l'emportement sur
leurs interêts temporels, ce qui regarde l'Eternité, les trouve plus
qu'insensibles. Ils ne pensent donc
qu'à vivre, à s'agrandir, à se réjoüir,
à passer le temps, mais le temps se
venge de leurs mépris : il abrége
leurs jours, il les livre à la mort,
& la mort les précipite dans l'a-
byfme de l'éternité, qui leur paroissoit une chimére.

Après un court sommeil dans
les bras de la Fortune, & de la
volupté, les pécheurs s'éveillent.
La figure du monde s'efface ; le
charme des passions se rompt ; les
phantômes qui leur faisoient illu-

lufion, s'évanoüiffent, l'erreur eft muette, la vérité tonne, les objets de l'Eternité s'offrent à eux tels qu'elle les avoit repréfentés. Le Royaume du monde dont ils joüiffoient, difparoît : le Royaume de Dieu, dont l'éxiftence faifoit partie de leurs doutes, fe découvre à leurs yeux.

Cet objet qui fit la confolation du Jufte, qui le fortifia, qui l'encouragea, qui lui fit paroître la mort même agréable ; cet objet devient la fource de la confufion, de la crainte, des regrets, & du defefpoir du pécheur.

Le Jufte expirant, voit dans le Royaume de Dieu, combien il a gagné par fon travail ; le pécheur mourant n'y voit que ce qu'il a perdu par fa faute.

Mon Fils, le Royaume de Dieu eft plus près de nous que nous ne penfons. Si nous ne le voyons pas, c'est que nos paſſions nous aveuglent ; que les malignes vapeurs de l'opinion offuſquent notre entendement ; que les enchantemens du monde lient notre volonté ; que des objets frivoles amuſent & détournent les regards de notre ame ; c'eſt peut-être que notre foi eſt éteinte.

Prions le Seigneur d'en ralumer le flambeau ; prions-le d'arracher le bandeau fatal qui couvre nos yeux, afin qu'à la faveur de la lumiére, nous prenions le chemin dont ſon Royaume eſt le terme.

Preſentez-nous, mon Dieu, ce Royaume, dans le même point de vûë où vous le montrâtes à ceux de vos ſerviteurs, qui n'eſtimerent rien tant que les humiliations & les ſouffrances, dont il étoit le prix. Détournez nos pas des ſentiers de l'iniquité. Si nous chancelons, soutenez-nous; si nous nous égarons, rappellez-nous. Conduisez-nous comme vous avez conduit les Justes; faites-nous la grace de vivre comme eux; accordez-nous, enfin, une mort aussi précieuse que la leur. *Moriatur anima mea morte justorum, & fiant novissima mea horum similia* (1).

(1) Que je meure de la mort des Justes, & que la fin de ma vie ressemble à la leur. *Nomb.* 3. 10.

VII. JOUR.

De la mort des Justes.

Justorum animæ in manu Dei sunt, & non tanget eos tormentum mortis. Visi sunt oculis insipientium mori, spes autem illorum immortalitate plena est. Sap. c. 3. v. 1.

Les ames des Justes sont dans la main de Dieu, & le tourment de la mort ne les touchera pas. Ils ont paru morts aux yeux des insensés ; mais leur espérance est pleine de l'immortalité, qui leur est promise. *Sag. c. 3. v. 1.*

Justi autem in perpetuum vivent, & apud Dominum est merces eorum. Sap. c. 5. v. 16.

Mais les Justes vivront éternellement, & le Seigneur leur réserve leur récompense. *Sag. c. 5. v. 16.*

MOn Fils, en vous parlant de la mort du Juste, je me suis représenté son ame prête à quitter son corps ; je vous prie de bien remarquer, avec moi, les traits qui la caractérisent dans son dernier passage.

L'ame du Juste est dans la main de Dieu : qu'elle est donc forte !

qu'elle eſt ſainte ! qu'elle eſt heureuſe cette ame , puiſque c'eſt le
Tout-puiſſant qui la défend , le
ſaint Eſprit même qui l'anime ;
& qu'à la faveur de ſon ſouffle
divin , elle s'écoule doucement
dans la ſource du vrai bonheur !

Quel plus puiſſant motif peut
vous déterminer, mon Fils, à renoncer à l'iniquité, pour embraf-
ſer la juſtice ?

Si votre ame en conſerve le
caractére glorieux. Elle ſera dans
cette main, qui a fait le Ciel & la
Terre ; dans cette main, toujours
pleine de bénédictions ; dans cette main enfin, toujours armée
pour la défenſe de l'innocence,
& de la vertu.

Pouvez-vous ſouhaiter rien de
plus grand, de plus conſolant, de
plus avantageux, que de vous trouver où l'ame des Juſtes eſt comblée
de tous les biens imaginables ?

Seigneur,

Seigneur, je vous recommande l'ame de mon cher Disciple-prenez-la, soutenez-la, protegez-la; si votre main la défend, quels que soient les efforts de ses ennemis, elle n'aura rien à craindre; la mort même, toute terrible qu'elle est, ne pourra l'épouvanter; votre Esprit m'assure » que la mort, » avec ce qu'elle a de plus affreux, » n'ébranle point l'ame des Justes.

(1) *Non tanget eos tormentum mortis.*

LE DISCIPLE.

Mon Pere, j'observe avec douleur, combien mon état est differend de celui du Juste. La mort me fait peur. Ce qui la procure, ce qui l'accompagne, ce qui la suit, jette mon ame dans la consternation. Je frémis quand je pense à ma derniere heure. Je

(1) Sagesse 3. 1.

G

crains tout ce qui peut l'avancer ; je prends toutes fortes de précautions pour prolonger mes jours. Le grand nombre d'accidens qui peuvent les abréger, trouble mon imagination, & me cause les plus vives allarmes. Pourquoi ce faififfement, quand je penfe qu'il faut mourir ? Sans doute que mon ame n'eft point dans la main de Dieu.

LE PHILOSOPHE.

Cherchez la juftice, mon Fils, foyez Jufte. La mort effraye toute la Nature ; elle fait pâlir les plus fiers, les plus intrépides, & les plus courageux. Le Jufte feul eft celui qu'elle ne peut déconcerter ; il fe réjouît, quand les autres pleurent ; il commence à tout gagner, quand les autres commencent à tout perdre ; ce

que les enfans d'Adam appellent
leur commun malheur, devient
pour lui la source d'un bonheur
parfait ; il accepte, à titre de récompense, ce qu'ils ne reçoivent
qu'à titre de punition. Il n'y a point
de meilleure condition que celle
du Juste.

Quand il n'en tireroit d'autre
avantage, que celui d'envisager
la mort d'un autre œil que le
commun des hommes, ne de-
vriez-vous pas sentir croître en
vous le desir de partager son privilége?

L'insensé dit que le Juste mour-
ra, il se trompe : ne vous trompez pas avec lui. Laisser à la terre sa dépoüille mortelle, monter
au Ciel, guidé par la Foi, soutenu
par l'Espérance, accompagné des
œuvres de justice, de misericorde & de charité, ce n'est point
mourir. On n'est véritablement

G ij

mort, que lorsque l'ame est ren-
duë par le crime, d'une pire condition que le corps. Tel est le sort
de l'ame de l'insensé ; après avoir
pris les plus funestes impressions
de la matiere, elle se voit réduite à
souhaiter d'être corruptible, insensible comme elle ; elle meurt
cette ame , pour éprouver éternellement un desir furieux de
mourir, comme elle se l'étoit
promis. La mort du Juste peut
donc, à bon droit, être appellée la
vie éternelle des mourans ; & celle du Pécheur , la mort éternelle
des vivans. Ces considerations me
rappellent ce que dit un Auteur
fameux dans le quatorziéme Siécle (1). Il suppose qu'une personne vertueuse lui apparoît après sa
mort ; & surpris de la voir, il lui
demande : Ètes-vous morte ou
vivante ? Elle lui répond : Je suis

____

(1) Petrarque.

vivante, & vous êtes encore mort. Tel sera votre état, jusqu'à ce que votre heure soit venuë. Ne perdez point à me regretter un tems aussi court, que la volonté de l'homme doit être étenduë. Déja vous touchez à l'instant où la mort doit nous rejoindre.

Petrarque lui demande encore, si la mort est un aussi grand mal qu'on le pense. Elle lui répond, qu'il ne sera jamais heureux, tant qu'il suivra les préjugés du vulgaire, & qu'il en adoptera les opinions dures & aveugles. Elle ajoûte, que la mort ne doit être considerée par un homme de bien, sinon comme la fin d'une obscure captivité. Elle n'est terrible qu'à ceux dont l'ame a pris des inclinations si basses, qu'elle regarde comme un supplice, l'effort qui la retire de la fange, dont elle ne veut point se détacher. Enfin, dit-

elle, ma mort qui vous fait ver-
ser des larmes, seroit pour vous
un sujet de réjoüissance, si vous
éprouviez la milliéme partie de la
joye que je ressens.

Interrogeons, mon Fils, tous
les Justes qui nous ont quitté, pour
aller prendre possession du Royaume éternel, leur ame nous ré-
pondra :

Viva son io, e tu sei morto encora.

Je suis vivante, & vous êtes encore mort.

Insensés que vous êtes, vous
nous croyez morts, quand nous
sommes effectivement pleins de
vie ; c'est vous qui mourez tous
les jours, & vous ne commence-
rez à vivre, que lorsque vous serez où nous sommes.

Pénétrons, mon Fils, le sens

de ces paroles admirables. Concevons une honte salutaire de notre attachement aux biens sensibles, comparés à de la bouë par ceux qui ont été le plus en état de les connoître, & d'en juger sainement. Calmons nos craintes; & du sein même de la douleur, tirons la matiere de nos plus solides consolations.

Vous craignez la mort, & cette crainte est pour vous la source de mille alarmes. Soyez Juste, alors votre ame sera dans la main de Dieu. Alors, impénétrable à tous autres traits, qu'à ceux de son amour, elle souhaitera, avec l'Apôtre, d'être délivrée de la prison du corps. Enfin elle goûtera mille douceurs, en disant avec confiance au Maître de la vie & de la mort : Faites-moi mourir pour vivre ; faites-moi vivre pour vous aimer.

Pourquoi, mon Fils, la perfonne dont nous venons de parler, appelle-t-elle dure & aveugle, l'opinion des hommes touchant la mort ? Premierement, parce qu'elle rend ce dernier paffage infiniment dur, en prefentant, en exagerant même les horreurs dont il peut être environné. Secondement, parce qu'elle ferme leurs yeux à tout ce qui pourroit l'adoucir.

Cette opinion eft d'autant plus dure, qu'elle voudroit me perfuader que je perdrai tout en perdant la vie. Elle eft d'autant plus aveugle, qu'elle me cache les avantages dont je peux joüir au-delà du tombeau ; qu'elle répand fur eux les nuages de mille doutes, ou qu'elle ne m'en donne au moins que l'idée la plus foible, & la plus féche.

Je conviens qu'en perdant la

vie, je perdrai l'ufage de mes fens, le fentiment du plaifir, la compagnie de mes amis, & tous les agrémens de la focieté civile.

Je conviens que mon corps fera réduit en pouffiere, que bientôt même je ferai entierement effacé de la mémoire des hommes. Quelque tems après ma derniere heure, je ne ferai donc plus rien du tout fur la terre; mais ne ferai-je plus rien dans le Ciel?

Si, par la divine Mifericorde, mes œuvres m'en donnent l'entrée; fi je fuis admis au nombre des Juftes, & des amis du Seigneur, je ferai infiniment plus que je ne fuis; loin donc de rien perdre, j'acquerrerai des biens immenfes.

Je verrai tout en Dieu; en lui je poffederai le tréfor ineftimable de la fcience, de la gloire, de l'amour, & du repos éternel.

Les yeux de mon corps feront fermés pour un temps, ceux de mon ame feront ouverts; je perdrai l'ufage des facultés corporelles, c'eft-à-dire, que les chaînes qui me captivoient feront brifées, & que mon efprit opérera, indépendamment de la matiere.

Du débris des liens de la chair & du fang, s'en formeront d'autres indépendans du temps & de la mort; liens indiffolubles, puifque Dieu même en ferrera le nœud.

Que l'idée du dernier jour eft confolante, quand on n'eft point efclave de l'opinion dure & aveugle qu'en a conçu le vulgaire infenfé!

LE DISCIPLE.

Dites-moi donc, mon Pere, pourquoi voit-on des gens qui pendant leur vie, ne fe font point écartés des sentiers de la justice, & dont les craintes, les alarmes, les agitations, sont telles au dernier jour, qu'elles consternent ceux qui sont témoins de leur agonie ?

LE PHILOSOPHE.

Il est peu d'hommes qui se rassurent sur le mérite de leurs œuvres, quand ils les pesent au poids du Sanctuaire, & qu'elles sont prêtes à passer par l'épreuve du feu de Dieu. D'ailleurs ces frayeurs achevent la pénitence du Juste. Souvent elles sont nécessaires pour effacer quelques traces impures de la contagion du Siécle; & la Misericorde divine les permet, pour épargner au Juste une expiation plus douloureuse. C'est, au reste, moins l'idée de la mort qui les cause, ces frayeurs, que celle du Tribunal redoutable où les Justices elles-mêmes seront jugées : *Cum accepero tempus, ego justitias judicabo* (1).

Il faut, mon Fils, que nous prévoyions aujourd'hui ce qui peut nous arriver à notre derniére heure. Si dans ce temps il nous reste encore une étincelle de raison, de vives alarmes seront notre partage.

Deux choses sont à craindre pour les mourans, le défaut de connoissance, & la présence d'esprit : l'une & l'autre ont de quoi nous faire trembler.

Le défaut de connoissance nous met hors d'état de donner à l'affaire de notre salut, les soins & les attentions qu'elle éxige. Quand nous ne raisonnons plus, nous mourons sans réfléchir sur la ma-

(1) Lorsque j'aurai pris mon temps, je jugerai les Justices même. *Pf.* 74. 3.

niére dont nous avons vêcu ; malheur à nous, si nous n'avons pas
fait un bon usage de notre raison,
puisqu'alors il n'est plus temps de
le réparer, & que nous mourons
comme les bêtes !

La présence d'esprit fait que
nous mourons comme des hommes ; mais rarement avec elle
mourons-nous comme des Chrétiens.

L'esprit, toujours occupé pendant la vie, des choses du tems,
s'en occupe encore aux portes
de l'Eternité ; ou, si l'affaire du
salut est alors l'unique objet de
ses attentions, cette affaire à laquelle il n'a presque jamais pensé,
lui paroît si importante, si déli-
cate, si fort en danger d'avoir
un mauvais succès, que toutes les
puissances de l'ame en sont alar-
mées, souvent même la raison

en est troublée, & l’agonie en
devient plus furieuse.

Vous n’y pensez pas, me direz-
vous peut-être, quand vous insi-
nuez que la présence d’esprit à
l’heure de la mort, cause tant de
troubles, & si peu de fruit : vou-
driez-vous donc mourir sans
avoir l’esprit présent ?

Non, sans doute. Mon Fils,
soyez attentif, & prenez bien
ma pensée.

Le défaut de connoissance, &
la présence d’esprit, font deux
états également dangereux pour
ceux qui font leur dernier passage, quand le cours de leur vie
n’a pas été une préparation continuelle à la mort. Alors le défaut
de connoissance met un obstacle
invincible à la pénitence, & la
présence d’esprit leur cause ordinairement plus de remords que

de repentir, plus de crainte que de confiance, plus de mouvemens convulſifs, que de ſentimens d'eſpérance.

De ce que vous venez d'entendre, tirez cette conféquence. Je dois vivre ſi régulierement, que ni le défaut de connoiſſance, ni la préſence d'eſprit, ne puiſſent m'apporter aucun préjudice à l'heure de ma mort.

Mon Fils, le premier de ces deux états ne vous nuira point, ſi vous prévenez la perte de votre raiſon, par le bon uſage que vous en ferez.

Le ſecond vous ſera ſalutaire, ſi, conſtant dans la pratique des bonnes œuvres, vous vous ménagez l'humble témoignage d'une bonne conſcience, la conſolation de vous rappeller au dernier jour ce que vous aurez fait par la grace, pour ſatisfaire à la juſtice de Dieu, & de vous occuper paisiblement de son infinie misericorde.

Mon Dieu, paroissez aujourd'hui comme un Dieu terrible; & au jour de ma mort, venez à moi comme un Dieu de bonté. Ne permettez pas que la crainte l'emporte alors sur l'amour. Montrez-moi la grandeur de mes iniquités, pendant qu'il me reste encore du temps pour les pleurer; mais quand le temps fera place à l'Eternité, ne me laissez plus rien voir que le précieux gage de ma réconciliation; troublez-moi, effrayez-moi pendant ma vie; mais rassurez-moi, consolez-moi à l'heure de ma mort. *Prenez mon ame entre vos mains, afin que la fureur de mes ennemis ne prévale pas contre elle* (1). Ne souffrez pas que je meure avec les pécheurs;

(1) Ps. 12. 5.

mais

mais ordonnez que je m'endorme avec les Justes, pour m'éveiller au jour de la résurrection, & partager avec eux votre repos & votre gloire éternelle.

H

VIII. JOUR.

SENTIMENS·DE PIETE',

Relatifs aux principaux articles du Chapitre précédent.

IL n'y a d'assurance & de repos qu'auprès de vous, ô mon Dieu. Heureux celui qui s'attache à votre service, mais plus heureux encore celui que vous avez retiré de cette vallée de larmes, & transporté sur votre sainte montagne !

Envain nous fatiguons-nous ici-bas, si nous ne nous proposons pas la tranquillité de la Jerusalem céleste, pour l'objet de nos vœux, & le prix de nos travaux.

Seigneur, vous êtes notre principe, vous devez être notre fin.

La vie que nous tenons de vous, doit vous être entierement consacrée. Toujours prêts à vous rendre notre ame ; notre unique soin doit être de l'orner de vertus, qui la rendent digne d'etre reçûë dans vos Tabernacles éternels.

Ne nous plaignons point des peines qui nous font impofées dans le lieu de notre éxil. La réfignation, & la patience en adouciffent l'amertume. Portons, fans murmurer, le poids dont nous fommes chargés ; il peut nous produire un poids de mérite & de gloire.

Les contradictions, les revers, les afflictions, les pertes, les difgraces, font des biens pour le Jufte, dans l'ordre de votre Providence. Vous ne permettez jamais à l'adverfité de lancer fes traits fur nous, que dans le def

sein de nous faire rentrer en nous-
mêmes. Vous connoissez parfaitement la nature des maladies de
notre ame. Elle est presque toujours dans une létargie qui éxige
des remédes violens. Empêchez,
ô mon Dieu, que nos refus, nos
rebellions, nos emportemens, ne
les convertissent en poison !

De malignes vapeurs s'élevent
sans cesse du fond de notre corruption, & les horreurs de mille
tentations nous environnent de
toutes parts ; ne nous enlevez
point votre présence, elle peut
seule les dissiper. Nous ne crain-
drons rien, tant que vous serez
avec nous ; Seigneur, si vous
vous éloignez, que n'aurons-nous
pas à craindre ?

Vous ne fuyez pas ceux qui
vous cherchent ; si quelquefois
vous vous dérobez à leurs yeux,
vous ne songez qu'à ranimer l'ar-

deur de leurs empreſſemens. Je
vous chercherai donc tous les
jours ; à chaque heure j'invoque-
rai votre ſaint Nom ; je me pro-
poſerai votre plus grande gloire,
pour le terme de toutes mes en-
trepriſes. Vous me tiendrez lieu
de tout ſur la terre. C'eſt en vous
ſeul que ſe trouve tout don parfait. Je ne ceſſerai de ſoupirer, &
de gémir, proſterné devant vous,
qu'au moment que vous me rele-
verez, pour m'introduire dans le
ſejour inacceſſible à la douleur.

Mon Dieu, nous n'avons prefque point d'idées du lieu où votre éternelle Majeſté reſide. Trop
occupés de la terre, à peine por-
tons-nous quelquefois nos regards vers les Cieux.

Nos penſées, nos deſirs, nos
actions, ont pour objet ce qui
flate nos ſens. Ce qui ne les flate

point, nous trouve presque toujours insensibles.

Le corps forme un obstacle à
la vûe pénétrante de notre ame;
dégagez-la, Seigneur, des liens
de la matiere; permettez-lui de
sortir quelquefois de sa prison;
accordez-lui la liberté de voler
jusqu'à vous, & de contempler
vos merveiilles.

Inspirez-lui cette ardeur généreuse, qui fait passer au-dessus de
toutes les choses visibles, pour
atteindre à ce que l'œil n'a point
vû. Au moins, enseignez-lui le
grand art de se servir des créatures, comme d'autant de degrés,
pour se raprocher de vous.

Heureux l'homme dont le cœur
est pur! il vous voit dans tous vos
ouvrages. Dans ce vaste Univers,
rien ne s'offre à ses regards, qui
ne lui retrace l'idée de vos perfections ineffables.

De la foiblesse de l'entendement humain, des défaillances de
la raison, des difficultés qu'elle
rencontre en recherchant la vérité ; il prend occasion de penser
que le Dieu qu'il sert est le Pere
des lumieres, & que les illusions,
les erreurs, & les doutes, dispa-
roîtront au grand jour de l'Eternité.

Il souhaite ce jour à la faveur
duquel nous verrons toutes choses, telles qu'elles sont essentiellement, puisque nous les verrons
toutes en vous.

Le temps de la séduction & des
prestiges, passera : vous vous mon-
trerez à nous, éternelle Vérité,
avec tous vos charmes ; nous
vous embrasserons sans obstacle ;
nous vous posséderons sans trouble, & nous ne pourrons aimer
que vous !

Si l'homme, dont j'envie le

bonheur, confidere la vafte étenduë de fon cœur, & ce profond
abyfme de defir, que rien de créé
ne peut remplir, le vuide qui le
choque & l'inquiéte, l'engage à
recourir à vous. Il foupire après
cet inftant, où le torrent de vos
délices fe déchargeant dans fon
cœur, votre effence le remplira,
& comblera fes defirs.

Au dedans de nous-même, que
de fujets d'élever nos penfées vers
vous !Au dehors, nous n'en avons
pas moins. Toutes les beautés qui
fe prefentent à nos yeux, ne font-
elles pas des images & des rayons
de votre inexprimable beauté?

Toutes ces beautés s'alterent,
toutes ces beautés s'obfcurciffent;
leur éclat n'eft, pour ainfi dire,
que momentané; votre beauté
feule, Seigneur, eft inaltérable,
fon éclat eft éternel !

Tous les Eftres occupent un
efpace

espace limité, votre puissance seule est sans bornes.

Les objets les plus charmans périssent, pressant motif pour nous engager à vous chercher. Ce n'est qu'en vous que nous pouvons retrouver ce qui fait le plaisir de nos yeux, l'admiration de notre esprit, & l'amour de notre cœur.

Rien ne se perd, ô mon Dieu, nous retrouverons tout en vous; vous êtes le centre de tout ce qui porte le caractére de vos adorables perfections. Vous êtes l'Océan de beauté, de vérité, de justice, chaque jour y rentrent les divers ruisseaux qui en découlent sur la terre.

Tout passe ici-bas, tout y fuit rapidement, tout nous y échape. Cependant, insensés que nous sommes! nous nous attachons à cette vie mortelle, & nous ne foupirons pas après l'immortalité. Comment accorder le defir que nous avons d'être heureux, avec notre indifference pour le féjour de la felicité parfaite ?

Nous nous plaignons des miféres de la vie ; mais quoique la plûpart du temps nous ne la foutenions qu'à force de travail & de peine, nous voudrions toujours vivre, c'eft-à-dire, languir toujours dans la captivité ; être toujours éloignés de la vérité, ne voir que des ombres, ne gouter que des plaifirs illufoires.

Nous admirons ces grandes ames, en qui la force de votre amour a produit des defirs extrêmes de la felicité célefte. Nous avons fouvent leurs expreffions dans la bouche, mais leurs fentimens ne font point dans notre cœur. Parlons-nous comme les Saints ? nous ne fommes que leurs échos. Penfons nous, agiffons nous comme les Saints ? nous devenons les imitateurs de leurs vertus, & les compagnons de leur bonheur ? *Malheur à moi, parce que mon éxil eft prolongé, qu'il y a long-temps que j'habite une terre étrangere ? Que mon ame trouve ennuyeux le féjour qu'elle eft obligée de faire chez les peuples de Cédar ?* (1) Donnez-lui les aîles de la Colombe, afin qu'elle s'envole, & qu'elle aille fe repofer auprès de vous : je ne cherche que vous dans le Ciel, je ne penfe qu'à vous fur la terre, rien ne m'y contente, mes defirs y reftent toujours affamés ; *Je ne ferai raffafié, que lorfque vous m'aurez découvert votre gloire.*

Quand aurai-je le bonheur d'approcher de votre Trône, & de vous contempler face à face ?

(1) Pf. 119. 5. & 6.

I ij

Comme le Cerf alteré, soupire après les fontaines, de même, ô mon Dieu! mon ame soupire après vous (1).

Que vos Tabernacles sont aimables, Seigneur, Dieu des vertus. Je languis, & l'excès de mes desirs me cause de la défaillance, quand je me represente le Palais où votre Majesté fait sa demeure (2).

Tels étoient les empressemens de David pour le bonheur éternel. Ceux de l'Apôtre des Gentils, n'étoient pas moins vifs. Ses expressions nous prouvent qu'il regardoit son corps comme une prison, & sa vie comme une longue mort; qu'il souhaitoit d'être délié, pour être éternellement uni à son divin Maître; qu'il ne regardoit sa derniere heure, que comme le premier instant de son bonheur; qu'il ne se consoloit que

(1) Ps. 41. 1.
(2) Ps. 83. 1.

dans l'attente d'une féparation, dont l'idée nous accable de trif-teffe & de crainte, hommes de peu de foi que nous fommes.

Therefe s'étonne comme elle peut vivre fi long-temps, éloignée de fa veritable vie. Elle pleure, elle gémit, elle conjure fon divin Epoux de lui donner quelques marques de fon amour. Quelles marques d'amour demande-t-elle? qu'il la faffe fouffrir, ou qu'il la faffe mourir; fes defirs la confu-ment, elle languit, elle s'éva-noüit, elle ne revient à elle que pour s'écrier : Je meurs de dou-leur, parce que je ne puis mou-rir.

Que muero, por que no muero.

Je me meurs de regret de ne pouvoir mourir.

Grandes ames ! d'où vous font

venus ces admirables fentimens, finon de l'amour dont vous étiez pénétrées ? D'où vient notre indifference, finon de la foibleffe de notre foi, & de la dureté de notre cœur ? Faites-nous part de ces vives ardeurs qui ont détruit en vous le regne de la cupidité ; faites-nous part de cette activité fainte, à la faveur de laquelle vous vous êtes élevées au-deffus des fentimens de la nature.

Mais, Seigneur, les Saints ne fe font point donné à eux-mêmes les paffions furnatrelles, fources de leurs defirs, & de leurs actions heroïques ; c'eft à votre grace qu'ils en font redevables ; faites-nous-en fentir les plus falutaires impreffions ; écoutez, Seigneur, les gémiffemens que vous-même aurez formés dans notre ame. Couronnez l'amour que vous-même y aurez fait naître.

Qu'il est triste pour un homme à qui vous avez départi le précieux don de la Foi, de se voir éloigné de vous, exposé chaque jour à vous offenser, & à vous perdre pour toujours ! Quelle consolation peut-il gouter loin de vous, ô Dieu de toute consolation !

Les travaux les plus pénibles, quand on les embrasse pour l'amour de vous, deviennent la source d'une paix & d'une tranquillité profonde. Au contraire, tout repos qu'on cherche hors de vous, est accompagné d'inquiétude & de trouble.

Oüi, Seigneur, j'éprouve chaque jour, que je ne me rends heureux, qu'à mesure que je me rapproche de vous. Vous êtes au Ciel, & je suis sur la terre. Quelle prodigieuse distance entre vous & moi ! Cependant quand je vous préfente mon cœur dans la priére, & que je vous conjure de m'envoyer votre Efprit faint, vous me comblez de confolations fenfibles, & vous faites luire aux yeux de mon ame, un rayon de la gloire dont vous revêtez vos Elûs.

Que feroit-ce, ô mon Dieu, fi par un plus grand amour de la perfection, des mœurs mieux reglées, une foi plus active, je me rendois digne de communications plus intimes.

Si vous traitez ainfi un efclave, quelle douceur ne refervez-vous pas à vos Enfans? Si vous vous montrez fi bon envers un pécheur, le Jufte pourra-t-il jamais exprimer quel eft envers lui l'excès de vos bontés?

Si vous faites de fi magnifiques largeffes à ceux qui traverfent le defert de ce monde, que ne donnez vous pas à ceux que vous avez introduits dans la Terre pro-mise ?

Divin Soleil que je suis éloi-gné de vous ! voilà cependant que vos rayons ont embrasé mon ame, de quels feux ne brûlent donc pas, de quelle lumiére n'é-clatent pas ceux que vous avez attirez à vous ? Je leur ferai fembla-ble, fi vous me faites mifericor-de. Comme eux je brûlerai d'a-mour pour vous , & mon feu ne pourra s'éteindre. Comme eux, je ferai revêtu d'une gloire éclatante , & la lumiére que j'em-prunterai de vous , ne fouffrira jamais d'éclipfe. Je pourrai fou-tenir le poids de votre Majefté, je puiferai la clarté dans la fource même des clartés. Alors l'ébloüif-fement & l'aveuglement ne feront plus à craindre.

Telle eft l'efpérance qui me

foutient. Dans ces inftans ténébreux où les puiffances de mon ame font obfcurcies : Dans un Siécle où l'erreur épaiffit les nuages qui envelopent la vérité, je me raffure, & je me confole, en vous difant avec faint Auguftin : *Cognofcam te Domine, cognitor meus, cognofcam te* (1).

Oüi, Seigneur, vous m'avez connu dans la vérité, avant que le monde fût fait, avant que je fuffe né dans le monde ; & moi j'aurai le bonheur de vous connoître un jour.

La connoiffance de vos divins attributs, toute imparfaite qu'elle eft, fait déja mon plus grand bonheur dans le temps ; la connoiffance parfaite de votre Eftre, fera la confommation de ce bonheur

(1) Je vous connoîtrai, Seigneur, vous qui me connoiffez vous-même, je vous connoîtrai.

pendant l'Eternité. Je vous connoîtrai, & en vous toutes chofes
me feront connuës, ô mon Dieu,
& mon tout ; l'Eternité fuffira-t-
elle pour embraffer vos inéfables
perfeƈtions ?

Je comprens comment la félicité des Juftes ne finira point,
parce que je conçois que le tréfor de la Science divine qui leur
fera communiquée, ne peut être
épuifé. Sans ceffe ils y découvri-
ront de nouvelles merveilles ; plus
elles perfeƈtionneront leurs connoiffances, plus elles augmente-
ront leur amour. Toujours avide,
& toujours fatisfait ; toujours
joüiffant, & toujours plus aƈtif ;
cet amour leur caufera des tranf-
ports, tels que le cœur humain
n'en a jamais éprouvé de femblables.

Adorable Trinité ! myftere impénétrable ! aujourd'hui vous exer-

cez ma foi. Un jour viendra que vous exercerez ma connoiſſance. Puiſſance, Sageſſe, Amour dont l'union & l'unité forme l'eſſence de la Divinité, je vous connoî-trai, comme je vous ſuis connu. Puiſſance du Pere, fortifiez-moi; Sageſſe du Fils, inſtruiſez-moi; Amour du ſaint Eſprit, ſanctifiez-moi. Faites-moi voir ce que je crois, obtenir ce que j'eſpere, poſſeder éternellement ce que j'aime.

IX. JOUR.

Du pernicieux esprit du monde.

MOn Fils, il n'est point de victoire plus digne de vos vœux, que celle du monde; vous n'avez point ni de plus redouta-ble, ni de plus dangereux enne-mi. Il n'en est point qui sçache mieux recourir à la ruse, quand la force lui manque; point qui s'opiniâtre plus dans le combat; point qui triomphe plus insolem-ment, ni qui traite plus durement les esclaves qu'il traîne enchaînés à son char.

Le monde, victorieux de la raison & de la sagesse humaine, étend par tout l'empire de l'opinion, & de la folie. Celui qui résiste à sa puis-sance, cede souvent à ses prestiges. Celui qui rompt ouvertement avec lui, entretient aussi quelquefois sans y penser, des intelligences secrettes avec cet artificieux politique. Tel assure qu'il a renoncé au monde, & croit fermement qu'il ne tient plus à lui, qui cependant lui demeure attaché par plusieurs chaînes très-fortes, quoiqu'elles soient imperceptibles.

On bannit difficilement l'esprit du monde, d'un cœur dont il a pris possession. Il prend toutes les formes de la vertu, pour s'en faire aimer ; il pousse même quelquefois la morale fort loin, & bien des gens qui ne pénétrent point ses malignes intentions, s'imaginent que c'est à tort qu'on l'accuse de débiter les plus dangereuses maximes. Nous nous sommes, mon Fils, extérieurement séparés du monde ; ne lui appartenons-nous pas encore intérieurement? Il eſt vrai que nous avons renoncé à ſes pompes ; mais je ne ſçai ſi nous pourrions aſſurer avec quelque fondement, que nous avons renoncé à ſes œuvres. Nous ne ſommes plus habillés, ni logés, ni ſervis comme les enfans du monde ; c'eſt peu de choſe, je dis plus, ce n'eſt rien, ſi nous penſons comme eux, & ſi leurs inclinations ou leurs averſions nous ſont communes. Examinons donc ſérieuſement, ſi lorſque nous avons quitté les livrées du monde, nous nous ſommes auſſi dépoüillés de ſes ſentimens. O le puiſſant ! ô le dangereux ennemi ! ô le redoutable tyran, que celui qui s'attache par des liens auſſi forts qu'ils ſont ſecrets, ceux-là même qui font gloire de lui être rebelles !

Vous vous plaignez du monde,

vous le haïffez, vous le déteftez. Convenez cependant, mon Fils, qu'il eft des occafions où loin d'ofer le contredire, vous vous prêtez à fes idées, & ne craignez rien tant, que de vous expofer à fes railleries, en contrevenant à quelqu'une de fes loix.

Par quel enchantement fçait-il réunir en fa faveur des fentimens fi contraires ? Avec quelle violence vous enleve-t-il ainfi vousmême à vous-même ? Quelle eft la force qui vous fait plier fous fon joug, malgré vos efforts redoublés pour le fecoüer ? Sa force n'eft autre chofe que votre foibleffe, une opinion trop avantageufe que vous avez conçuë de vous, un goût pour le brillant, un dégoût pour le folide ; pour tout dire en un mot, trop d'attention aux flateries de l'amour propre.

Mon Fils, vous ne fortirez jamais

mais victorieux du combat où vous vous êtes engagé contre le monde, si vous n'êtes pas couvert d'un bouclier impénétrable à ses traits, & vous ne pourrez l'obtenir que de celui qui a dit : *Confidite, ego vici mundum* (1).

Quand je réfléchis sur les préjugés de votre enfance, sur les impressions qu'une éducation plus fastueuse que chrétienne, a dû laisser dans votre esprit, & sur le dérangement que les premiers égaremens de la jeunesse ont causé dans votre cœur ; je tremble, parce qu'il me semble voir le fort armé dans votre maison : mais quand je pense que le Tout-puissant en revendique la possession, qu'il peut en chasser l'ennemi, l'abattre à nos pieds, & nous livrer ses dépouilles, ma crainte

____

(1) Ayez confiance, j'ai vaincu le monde. *Jean* 16. 33.

K

fait place à la plus douce espérance.

Mon Fils, si vous voulez que rien ne trouble la paix que vous êtes venu chercher dans la retraite, gardez-vous bien d'y entrer en aucune composition avec le monde. On ne peut servir à deux Maîtres. Evitez toujours, comme des piéges dangereux, les occasions qui pourroient, ou vous replonger dans ses délices, ou vous engager dans ses erreurs.

Apprenez du grand Apôtre le grand art d'avoir votre conversation dans le Ciel, dans le tems même que quelqu'indispensable nécessité vous obligera, pour ainsi dire, de ramper sur la terre. Apprenez des grands Maîtres de la vie chrétienne, le secret de vous faire une solitude au milieu du tumulte, & de la dissipation des créatures.

Vivez dans le monde avec tant de circonſpection, de réſerve, & de recüeillement, que vous ne puiſſiez être ni tourmenté par ſes ſoins, ni étourdi par ſon bruit, ni ébloüi par ſes pompes, ni ſéduit par ſes maximes. Vous êtes fait pour Dieu, jamais vous n'aurez de repos, que les puiſſances de votre ame ne lui ſoient aſſervies. Ce ne ſera qu'en portant ſon joug, que vous joüirez de la liberté de ſes enfans.

Préparez-vous, comme eux, par la pauvreté d'eſprit, le renoncement à votre propre volonté, l'humilité, la patience, l'amour du travail, à triompher du monde, pour goûter éternellement en Dieu les fruits de la victoire.

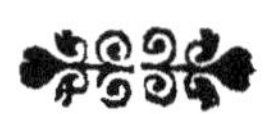

X. JOUR.

De la Providence, & de la resigna-
tion à la volonté de Dieu.

JE vous recommande, mon
Fils, de faire un attention fin-
guliere, soit au bon, soit au mauvais succès que le Seigneur vous
envoye, pour vous consoler, &
pour vous éprouver dans la Vallée de larmes.

Cette attention vous facilitera
la connoissance des vuës que la
Providence a sur vous. Convaincu par votre propre expérience,
que l'Estre souverainement bon,
dispose de tous les événemens
pour votre plus grand bien ; vous
serez dans un tems, comme dans
un autre, également soumis, &
resigné à son adorable volonté.

Quand donc vous serez affligé, penfez que Dieu vous traite comme il a traité fes plus fidéles ferviteurs. Confiderez ce qu'ils ont fait pour tirer avantage des peines & des privations de la vie. Apprenez d'eux à porter votre croix. Soyez perfuadé que fi vous imitez· leur patience, vous poffederez, comme eux, votre ame. Cette poffeffion vaut infiniment mieux que celle des honneurs, des tréfors, & des plaifirs du Siécle. Si vos entreprifes réuffiffent, fi vous joüiffez de la fanté, fi l'on rend juftice à la droiture de vos intentions, fi vos travaux font récompenfés; après en avoir rendu graces au Seigneur, confiderez ce qui peut l'engager à vous traiter avec tant de complaifance; vous trouverez toujours que ce n'eft aucun mérite qui foit en vous, mais fa bonté toute gratuite, & sa pure misericorde.

Ne vivez point à l'avanture comme les enfans du Siécle. Ils passent leurs jours sans retours, ni sur eux-mêmes, ni sur celui qui les a faits. Ils jugent de tout par les sens ; leur imagination ne voit qu'eux dans tout ce qui leur arrive. Leurs idées ne s'élevent point au-dessus de ce qu'ils appellent les fruits de l'industrie, ou les faveurs de la fortune.

Pour vous, mon Fils, reglez, & mettez à profit tous vos instans, n'en laissez échaper aucun sans faire des efforts pour acquérir quelque vertu nouvelle ; ne jugez de rien selon les maximes du monde, & que l'Evangile soit la régle de tous vos jugemens.

N'appellez donc point des biens, ni les richesses, ni les honneurs, ni les plaisirs d'ici-bas. On ne peut légitimement donner ce nom à la source de mille maux ; ne décriez point non plus les peines de la vie. Quiconque sçait en profiter dans l'ordre, & selon les vuës de la Sagesse éternelle, les fait servir à l'acquisition d'un bien inestimable.

L'indigence, les maladies, les contradictions sont des moyens, dont la Misericorde divine se sert pour nous rappeller à nous-mêmes. Ces maux ne nous rendent la vie amere, que pour nous en dégoûter, & nous porter à desirer plus ardemment les privileges de l'immortalité glorieuse.

Mon Fils, ne craignez point ces maux jusqu'à vous troubler à leurs approches. Ne témoignez même aucun empressement pour les éviter quand ils nous gagnent, ni pour en être délivré quand ils nous saisissent.

En vain prétendriez-vous fuir

ce que la volonté de Dieu rend inévitable aux malheureux enfans d'Adam ; la foibleſſe de vos organes, la viciſſitude des événemens, la malice , l'ingratitude, l'inſenſibilité , l'ignorance, l'indiſcrétion des hommes doit vous engager à vous tenir en tout temps prêt à ſouffrir, & vous empêcher de craindre démeſurément ce qui eſt, en quelque ſorte, de l'eſſence de la condition mortelle.

Le feu de la fiévre peut tout-à-coup ruiner votre temperamment. L'inondation , l'incendie , l'intemperie de l'air , une excurſion des ennemis , vous priver du neceſſaire ; l'interêt ſordide d'un parent, le faux zéle d'un ami, vous ſuſciter des affaires fàcheuſes , & déconcerter vos projets.

Chaque jour n'êtes-vous pas, pour ainſi dire, à la veille de voir

arriver

voir arriver toutes ces chofes ? N'eft-il donc pas jufte de vous y tenir toujours préparé ?

De quelque côté que vous vous tourniez, vous ne cefferez d'être miferable, à moins que vous ne vous jettiez dans le fein de Dieu. Là, vos peines les plus améres s'adouciront ; là, vos plus pefans fardeaux vous paroîtront legers. Si vous vous éloignez du fein de Dieu, les plaifirs les plus doux fe convertiront pour vous en amertume ; au lieu des rofes que vous cherchiez, vous trouverez les plus piquantes épines.

Ne perdez point courage, mon cher Fils, nos jours font mauvais, mais ils font courts. Nous efpérons qu'à des travaux momentanés, fuccéderont les délices du repos éternel. Notre efpérance eft fondée fur les promeffes d'un Dieu, ne font-elles pas plus que

L

fuffifantes, pour nous engager à fupporter patiemment les contra-dictions des hommes?

Plus d'une fois, l'occafion s'eft préfentée de faire à mes amis un reproche que vous devez vous épargner. Serez-vous, leur difois-je, toujours contraires à vous-mêmes? Vous penfez bien, mais vous agiffez mal. Souvent vous vous êtes recriés fur les foins merveilleux de la Providence, & vous m'avez rendu compte de fa conduite à votre égard, dans les temps les plus fâcheux & les plus difficiles. Je vous furprens cependant prefque chaque jour plongés dans la trifteffe.

Votre accablement me fait pitié; je vous demande : Qu'a-vez-vous? Vous me répondez auffi-tôt, que vous fuccombez fous le poids de vos malheurs, que rien ne vous réüffit, que vous êtes sans crédit, sans ressource, sans consolation. Vous prenez je ne sçai quel plaisir à vous entretenir de vos maux ; l'imagination vous les exagere, vous l'écoutez, & vous ne prenez point garde qu'en vous livrant à ses illusions, vous sentez intérieurement mille peines que peut-être vous n'éprouveriez jamais, si vous étiez moins ingénieux à vous tourmenter.

Pourquoi si souvent perdre de vûë l'Estre bienfaisant, qui tient nos destinées entre ses mains, & qui disposera de tout ce qui vous regarde avec la plus exacte justice, & la bonté la plus tendre ?

Pourquoi donner à la tristesse, & à de vains gémissemens, des heures que vous devriez consacrer à la priere, & à la joye spirituelle ? Ah, mes amis ! si vous continuez à être si sensibles à de pe-

tits maux, préparez-vous à en ef-
fuyer de bien terribles.

Si la patience vous échape,
fi vous perdez courage, fi la confiance vous manque, fi vous ne
vous refignez point à la volonté
Suprême, viendra le temps que
vous ne ferez pas moins infuppor-
tables aux autres, que vous l'êtes
à vous-mêmes. Indigné de l'oubli de fes bontés, Dieu ne vous
les fera plus fentir; vous vous dé-
fiez de lui, il s'éloignera de vous;
dites-moi que deviendrez-vous
alors?

Je vous avouë, mon Fils, que
je tremble en penfant au malheur
de ceux aufquels les traverfes de
la vie, font infenfiblement perdre
la confiance qu'ils avoient en la
Providence. Je ne connois point
de danger plus grand, que celui
qui menace l'homme qui fe laffe
de fe repofer fur le bras du Tout-

puissant, & commence à s'appuyer sur un bras de chair.

Mon Fils , prions Dieu qu'il détourne de nous ce malheur ; ne doutons jamais que celui à qui la Toute - puissance appartenoit hier , ne la possede encore aujourd'hui ; nous donnerions dans le plus déplorable égarement , si nous allions nous persuader, qu'il n'est pas impossible que, de nous-mêmes, ou bien avec le secours de quelque Puissance du Siécle, nous ne parvenions, je ne dis pas à nous assurer le bonheur , mais seulement à rendre notre condition moins mauvaise.

Je vous le répete , mon Fils, préparez - vous à souffrir ; mais soyez persuadé que comme vous ne trouveriez que de l'amertume dans les joyes du Siécle recherchées contre l'ordre de la Providence, de même aussi ne trouverez-vous que de l'onction & de la douceur dans les peines que vous embrasserez sous sa direction. Je voudrois vous voir dans un tel état, que tout vous fût indifferent sur la terre, excepté ce qui peut vous avancer au service de Dieu.

Ce n'est pas que je souhaite trouver en vous une insensibilité entiere, elle caractérise un stupide : j'ai toujours crû que ceux qui l'affectoient, le faisoient moins par religion que par humeur.

Sentez les coups, j'y consens ; mais, en même temps, aimez & respectez la main qui vous les porte. Vous n'êtes point l'arbitre de votre sort, vous dépendez absolument d'une cause premiere, qui fait agir les causes secondes, ou pour, ou contre nous, en la maniere qu'il lui plaît.

Puis donc qu'il vous est imposfible de rendre votre condition meilleure , foit par vous même , foit par le moyen d'hommes femblables à vous ; je defapprouve vos craintes , vos inquiétudes , vos empreffemens , au fujet des chofes que vous demandez , & qui ne vous font point accordées , & qui femblent fuir loin de vous.

Ne foyez point pareffeux ; mais auffi que votre diligence ne porte jamais , ni trouble , ni dérangement dans votre efprit ; foyez toujours en repos, même au fort du travail , & foit que vous conduifiez votre œuvre à fa perfection , ou que chaque coup que vous donnerez pour l'achever , femble le détruire , n'en foyez pas moins tranquille , le fuccès ne dépend point de vous.

Il dépend uniquement de celui qui careffe ou frappe , éleve

ou abaisse , abrége ou prolonge l'épreuve de notre patience , selon que son inéfable sagesse le juge à propos.

Prêtez volontiers l'oreille à quiconque vous dira ,

Prens la Croix , si tu veux emporter la Couronne.

Ne refusez , ni le travail qui conduit au repos , ni le combat qui méne à la victoire ; ce n'est qu'en passant par le feu & par l'eau , qu'on parvient au rafraîchissement.

Vous voulez perséverer dans l'exercice de la vertu , préparez vous donc à être contredit dans le monde. Mais au milieu de ses contradictions, souvenez-vous que vous servez un bon Maître ; ne perdez jamais de vuë la récompense qui vous attend dans le Ciel. Les hommes possédés de l'esprit du monde, ne cherchent que les confolations fenfibles ; vous qui défirez avoir part aux communications de l'Efprit faint, craignez toutes les confolations qui ne font pas purement fpiri-tuelles , furtout n'oubliez point que les fages du Chriftianifme nous recommandent expreffé-ment de ne fouhaiter que très fo-brement celles-là même qui le font.

N'eft-il pas jufte que vous fen-tiez que vous êtes dans la terre d'exil , & que les faveurs réfer-vées aux habitans de la fainte Sion ne foient point prodiguées à ceux qui font encore captifs fur les bords du fleuve de Babylone ?

La grace que vous devez de-mander avec le plus vif empreffe-ment, n'eft pas celle d'être exemt de croix , mais celle de faire un faint ufage de celles qui vous font, ou feront impofées.

Ce n'est point proprement souffrir que d'endurer quelques peines
pour l'amour de Dieu, l'amour
rend toutes les peines legeres, il
les convertit même en plaisir.

Rien ne doit être plus cher à
celui qui aime, que ce qui peut
le rendre plus agréable à l'objet
aimé. Rien de plus capable d'attirer les tendres regards du Pere
céleste, qu'une parfaite résignation à sa volonté; rien ne lui plaît
tant qu'une ame, qui pour satisfaire à sa justice, accepte volontiers les peines & les traverses de
la vie.

Si la résignation, la soumission,
l'humilité, ont le pouvoir de charmer l'Eternel, ne devez-vous pas
faire tous vos efforts pour acquerir ces vertus ? Ne devez-vous pas
sans cesse remercier Dieu, qui
vous a mis dans l'heureuse nécessité de les exercer ?

Il est vrai que l'exercice en est pénible à l'homme encore dominé par l'amour propre , & séduit par l'attrait du plaisir. Mais l'amour Divin prévaut au funeste amour dont nous nous aimons , & l'attrait de la grace l'emporte sur celui qui fait illusion à nos sens.

Il ne faut donc qu'aimer Dieu pour être heureux , puisque l'amour triomphe des répugnances de la nature , & qu'il découvre une source de plaisir, dans ce qui d'abord ne semble propre qu'à irriter la douleur.

Heureux donc ceux qui sont affligés , heureux ceux qui sont contredits, heureux ceux qui souffrent, heureux ceux qui pleurent ! bien loin qu'ils soient à plaindre, leur sort sera digne d'envie tant qu'ils persevéreront dans l'amour du Créateur, lui-même sera leur récompenfe; dès aujourd'huy, le plaifir qu'ils goûtent en le fervant, commence à les dédommager de tout ce qui leur manque.

Mon Fils, donnons-nous donc à Dieu, afin qu'il fe donne à nous; abandonnons notre corps & notre ame aux difpofitions de fa providence; repofons-nous fur elle, qu'elle faffe de nous ce qu'il lui plaira, n'afpirons qu'à nous conformer à fes intentions ado-rables.

XI. JOUR.

Suite du sujet précédent.

JAmais je ne suis plus content, que lorsque je pense que j'ai trouvé le moyen de me rendre heureux, en prenant la résolution de m'abandonner entiérement aux soins de la Providence.

Je me dis souvent : qu'ai-je à craindre ? Dieu me protege, celui qui a fait le Ciel & la terre m'ordonne de me confier en lui, il prend soin des oiseaux du Ciel, des bêtes qui vivent dans les forêts, des poissons qui nagent sous les flots, des fleurs qui croissent dans les campagnes. Négligera-t'il l'homme qu'il a fait à son image ?

Non-seulement il le négligera,

mais il le rejettera de devant fa face, fi l'homme s'éloigne de lui, & s'imagine que quelqu'autre que fon Créateur puiffe lui procurer les biens qu'il defire. Au contraire, s'il met en lui toute fa confiance, il éprouvera que le pere le plus attentif, la mere la plus tendre, que l'ami le plus fenfible, n'ont que de l'indifférence au prix de lui. Ceffe donc, ô mon cœur, de me faire fouffrir comme autrefois par tes inquiétudes continuelles ! fois tranquille, & laiffe-moi goûter la douceur du repos !

(1) *Le Seigneur me conduit, rien ne me manquera* ; tel qu'un bon pafteur qui choifit le plus gras pâturage pour y paître fon troupeau, le Seigneur m'a mené dans une folitude, où mon ame trouve abondamment de quoi fe nourrir; fous fa garde puiffante & fidéle,

(1) Pf. 22. 1.

elle n'a rien à craindre de la fureur de ses ennemis : non-seulement il commande à ses Anges de veiller à sa défense, lui-même la couvre de son bouclier. Je sens la dignité de mon ame, je sens combien elle lui est chere à mesure que je considére les bontés, qu'il lui témoigne chaque jour.

Que suis-je cependant, pour qu'il se souvienne de moi, & qu'il s'intéresse à ce qui me regarde ? je suis le plus foible, & le plus misérable des hommes. Cet aveu seul attire sur moi les regards de sa miséricorde, & détermine sa toute puissance à me soutenir & à me défendre.

Je peux dire que j'ai checrhé le repos dans toutes les créatures, mais je dois ajouter que je ne l'ai rencontré nulle part, sinon dans l'héritage du Seigneur, où je me fuis propofé de fixer ma demeure.

A peine en avois-je formé la réfolution , que le Seigneur vint lui-même m'enfeigner ce que j'avois à faire pour m'y établir folidement.

Auffitôt que les Paffions tumultueufes furent bannies de mon cœur , l'Efprit de paix s'en empara ; j'eus la confolation de voir que mon Créateur me tendoit un pavillon dans le défert , il venoit s'y repofer , & j'entendois qu'il me difoit : refte ici en ma préfence , tu n'en jouiras nulle part ailleurs fi tranquillement , borne tes defirs à me poffèder , & à partager les biens que j'ai promis à la poftérité de Jacob.

O la glorieufe invitation ! O les charmantes promeffes ! Comment vous répondrai-je , ô mon Dieu ? j'emprunterai les expreffions de votre

votre Prophéte , & je vous dirai,
(1) *Confirma me in verbis tuis.*

Puiſque vous me faites une ſi grande grace, qu’eſt celle de me parler, faites-moi pénétrer encore le ſens de vos divines paroles ; que leur vertu me faſſe jetter de ſi profondes racines dans la terre de bénédiction où vous m’avez tranſplanté , que ni la force des mauvais exemples, ni la violence des tentations , ni les efforts re-doublés des paſſions, ne puiſſent jamais m’en arracher. Mon Dieu, je vous remercie de ce que la ſe-mence de votre parole n’a point été infructueuſe dans mon cœur. Si elle n’y a point produit toutes les vertus, au moins y a-t’elle fait germer des ſentimens de confian-ce, d’amour, & de reconnoiſſan-ce , qui me prouvent que je ne

(1)Fortifiez-moi par vos paroles. Pſ.118.28.

M

fuis pas de ces indifférens, que rien de furnaturel ne peut toucher.

Combien de mortels infirmes, indigens, décredités, abandonnés, fe troublent & fe livrent à un fecret defefpoir, parcequ'ils n'ont jamais goûté la douceur de votre parole, au lieu que ce goût divin me fait trouver un plaifir fecret, même au milieu des plus grandes peines?

Combien y en-a-t'il à qui cette célefte nourriture paroît fade & trop legere, parcequ'ils ne font accoutumés qu'aux alimens ter-reftres & groffiers qui flattent les fens, fans pouvoir contribuer en rien aux délices de l'efprit?

Confervez-moi, Pere célefte, le goût que j'ai pris pour la manne que vous faites pleuvoir abon-damment dans ma folitude; ne permettez pas que je me ferve d'un autre confortatif, jufqu'au jour, où j'efpere que votre mifericorde m'introduira dans la terre du repos, & du raffafiement éternel.

Mon Fils, Dieu fait ce qu'il veut au Ciel & fur la terre. Tout y arrive par fon ordre, & rien, jufqu'aux plus petites chofes, ne s'y execute jamais fans lui.

Ne vous inquietez donc point, & ne prenez pas de foins fuperflus pour obtenir ce qui fait l'objet de vos vœux.

Expofez vos defirs au Seigneur, recommandez-lui vos affaires, priez-le de fanctifier vos intentions, de benir vos deffeins, & de rendre en tout votre volonté conforme à la fienne.

Il eft bon de folliciter les hommes ; mais quand on fait quelques démarches pour les engager à prendre nos interêts, il faut tou-

jours les regarder comme des in-
ſtrumens, que la ſeule Providence ſçait mettre en œuvre.

Les mouvemens de leur cœur,
ne dépendent point de nous; le
Seigneur le tient entre ſes mains.
Au Seigneur apartient de lui faire
prendre les formes & les inclinations convenables aux vûës, que
ſon infinie Sageſſe a ſur nous.

C'eſt donc à la cauſe premiere
que vous devez toujours recourir; les cauſes ſecondes dépendent uniquement d'elle; elles ne
ſe déterminent à rien, qu'en con-
ſequence de l'impreſſion qu'elles
en reçoivent.

Si vous ne perdez jamais de
vûë cette vérité, vous ne vous
attriſterez point; quand vous re-
marquerez que ceux dont vous
recherchiez la faveur vous ſont
contraires, & que ceux-là même
ſur qui vous fondiez vos plus

douces espérances, les font éva-
noüir.

Alors vous direz : Dieu le veut.
Si ces créatures font armées contre moi, c'eſt par ſon ordre ; que
ſon ſaint Nom ſoit beni.

Mon Fils, nous ne ſçavons le
plus ſouvent ce qui nous convient
le mieux, mais Dieu le ſçait. Il
n'eſt donc pas ſurprenant qu'en
tant d'occaſions, il nous refuſe
ce que nous lui demandons avec
les plus vives inſtances. Il connoît la nature de tout ce qu'il a
fait ; ce qui paroît bon à nos yeux,
ne ſe preſente point aux ſiens avec
le même caractére.

Nous recherchons avec em-
preſſement, une choſe qui nous
paroît utile & néceſſaire ; Dieu
cependant nous la refuſe, parce
qu'il voit que non-ſeulement elle
nous feroit inutile, mais encore
pernicieuſe. Nous croyons d'ail-

leurs, que c'est un bon mouvement qui nous porte vers un objet, & Dieu qui sonde les cœurs,
voit que nous sommes animés par
une passion immoderée.

Ne craignez point les railleries
des hommes qui se moqueront de
vous, quand vous n'aurez point
réüssi dans quelque entreprise.
Bien loin qu'en cela ils nous fas-
sent aucun mal, ils vous fourni-
ront un excellent moyen de vous
humilier, & de faire pénitence,
ou du zéle indiscret, ou de l'ambition secrette, qui, peut-être,
avoit occasionné votre tenta-
tive.

Quand votre frere insulte à
votre malheur, gardez-vous bien
de vous emporter, de murmurer,
& de vous rendre autant & plus
coupable que lui. C'est trop que
Dieu soit offensé par un seul,
craignez de multiplier ce qui peut

l'irriter. Dans le tems que l'homme malin & railleur provoquera sa colere, en renonçant à la charité, tâchez de l'appaiser en la pratiquant dans toute son étenduë.

Que la sensibilité aux injures, ne vous porte jamais à aucune extrémité. Les traits de la langue ne percent point le Sage, ils retombent au contraire sur celui qui les lance, & blessent mortellement son ame. Vous n'êtes point parfait, ne vous imaginez donc pas que les hommes n'ayent rien à souffrir de vous ; il est certain que vous leur êtes à charge en plusieurs rencontres ; supportez leurs défauts ; ne sont-ils pas eux-mêmes obligés à supporter les vôtres ?

Ne dites point : Je n'ai jamais fait que du bien, & jamais on ne m'a rendu que du mal. Vous vous trompez grossierement, si telle est l'opinion que vous avez conçûë de vous - même. Souvent vous avez crû bien faire , mais pour cela vous n'êtes point exempt du blâme d'avoir mal fait.

Les paſſions ſe gliſſent imperceptiblement dans nos meilleures actions , & les enveniment. L'humeur aigrit nos paroles les plus ſages , & donne à nos démarches un air d'aſſurance & de précipitation , qui les rend tantôt inſupportables , & tantôt ridicules.

Nous nous appuyons ordinairement trop ſur nos bonnes intentions, ſans nous embarraſſer de ce qui peut donner à nos actions de la grace & du poids. Ce n'eſt point aſſez d'avoir formé le pieux deſſein de corriger un vice, il faut encore s'appliquer à choiſir les moyens les plus propres à l'executer, ſans offenſer les vicieux. On néglige trop cette ſage précaution;

caution ; delà vient que souvent on dit avec emportement & rudesse, ce qui devroit se dire avec ménagement & douceur.

Quiconque a plus d'une fois manqué aux attentions de la charité, en impose quand il assure qu'il n'a jamais fait que du bien à ses freres, & ne peut raisonnablement se plaindre, quand ils le traitent comme lui-même les a traités.

N

XII. JOUR.

Suite du sujet précédent.

DIeu nous empêche quelquefois d'avancer dans la carriere que nous nous ouvrons, parce que nous préfumons trop de nos forces, ou que nous comptons trop auſſi ſur les ſecours que les créatures nous promettent. Il veut nous faire comprendre que nous ne pouvons rien par nous-mêmes ; & que hors de lui, il n'y a qu'illuſion & foibleſſe.

Ne ceſſons de repeter : malheur à celui qui s'appuye ſur un bras de chair, & qui ſe croit aſſez intelligent, ou pour ſe procurer les biens qui lui manquent, ou pour détourner les maux qui le ménacent. Une triſte expérience lui apprendra bien-tôt, que celui qui pense se suffire, est encore plus insensé que celui qui se persuade que les hommes lui suffisent. Nous ne devons rien espérer de bon, ni des hommes, ni de nous ; nos freres nous ressemblent ; ils sont foibles, inconstans, pleins de caprices & de miseres. Dieu seul doit être l'objet de notre confiance, & le fondement de nos espérances. Dieu seul possede essentiellement toutes les perfections qui nous manquent ; d'un seul acte de sa volonté, il peut achever ce que nous commencerions à peine, après plusieurs années de soins, de travaux, & de fatigues.

Reconnoissons sincerement que nous ne sommes capables de rien, & Dieu nous fera réussir dans tout ce que nous entreprendrons,

en invoquant son saint Nom. (1)
Elevons nos yeux vers les Montagnes éternelles, d'où notre secours doit venir. Cessons de regarder la terre, ou si nous la regardons encore quelquefois, que ce soit pour nous convaincre qu'elle est peuplée d'aveugles, de muets, de sourds, d'indifferens, de jaloux, de mal-intentionnés, de traîtres, & d'une multitude presque inombrable de gens plus propres à augmenter le poids de nos miseres, qu'à nous décharger de celui qui nous accable.

Toute la sagesse, toute l'industrie, toute la politique humaine ne peut nous conduire, en beaucoup de temps, où la Sagesse divine peut nous porter en un instant.

Afin que nous remarquions

____
(1) Ps. 120. 1.

mieux les traits de sa Toute-puissance dans ceux de sa bonté,
l'heure qu'elle choisit pour nous
faire entrer au port, est souvent
celle où le naufrage nous paroissoit inévitable.

La Sagesse divine a des res-
sources qui nous sont inconnuës.
L'Eternel tira l'eau des rochers
pour desaltérer son peuple ; il
change encore tous les jours les
pierres en pain, pour nourrir ceux
qui le servent.

Ne conviendrez-vous pas avec
moi, mon Fils, que Dieu ne vous
a point abandonné dans vos plus
pressans besoins ; que mille fois il
vous a envoyé du secours dans le
temps que vous vous y attendiez
le moins ? Quand même tout
vous manqueroit aujourd'hui, de-
vriez-vous vous attrister ? Dieu
ne vous manquera pas.

Vous me direz, peut-être, que

vous trouvez, par tout, des cœurs à l'épreuve de vos follicitations les plus preffantes. En vain leur expofez-vous vos peines ; les uns font plus fourds que des afpics, les autres font infenfibles comme des Idoles. Mais, dites-moi, je vous prie, êtes-vous le maître des cœurs ?

N'eft-ce point à Dieu feul qu'il appartient de les toucher, de les amolir, de les émouvoir, de les attendrir ? Une impreffion de la grace, formera en eux, avec une merveilleufe promptitude, les fentimens que vos attentions, vos foumiffions, vos prieres, & vos longues affiduités, n'ont pû leur faire prendre. Vous priez des hommes durs & ingrats de vous être favorables ; vous perdez votre temps ; que ne priez-vous plûtôt le Seigneur de les rendre fenfibles, officieux, charitables ?

Les Justes ne s'adressent aux créatures, qu'après avoir remis leurs interêts entre les mains du Créateur. Les Justes ne renversent point l'ordre, ils ne donnent point à la foiblesse la préference que la Toute-puissance exige. Ils ne commencent point par chercher sur la terre, des secours qu'ils sçavent ne venir que du Ciel. *Adjutorium nostrum in nomine Domini, qui fecit cœlum & terram* (1). Il est impossible qu'un homme ne réüssisse dans ses entreprises, quand, à la prudence de sa conduite, à la constance dans le travail, à la patience dans les peines, il joint une parfaite résignation à la volonté de Dieu ; ce tendre Pere n'abandonne jamais ceux qui s'abandonnent à lui.

______

(1) Notre seconrs est dans le nom du Seigneur, qui a fait le Ciel & la terre. *Pf.* 123. 8.

N iiij

Vous voyez profpérer l'impie; mais, dites-moi de grace : Où aboutit fa profperité prétenduë ? L'impie s'éleve, j'en conviens ; mais comme fon élevation eft l'ouvrage de fes foibles mains, bien-tôt il eft renverfé. N'avez-vous pas fouvent obfervé, que dans le tems même qu'il fe croyoit occupé à fe préparer un Trône, il fe creufoit effectivement un tombeau ?

En conféquence des revers, des difgraces, des contradictions, qui femblent particulierement affectées aux Juftes, vous avez crû, peut-être, qu'ils fouffroient & travailloient fans fuccès ; vous vous êtes trompé ; ils fouffrent pour Dieu, Dieu travaille pour eux, & leur bonheur eft d'autant plus folide, que fa Toute-puiffance en affermit les fondemens. Les honneurs de l'impie aboutiffent à la honte & au mépris ; les difgraces du Jufte font fuivies de réputation & de crédit.

(1) Aman ne prend pour guides que fon ambition, fon orgüeil, & fes reffentimens ; il paffe des pompes & des dignités de la Cour, à l'infamie du gibet. Mardochée fe livre à la conduite de la Providence ; & du fein des afflictions, il paffe dans celui d'une éclatante profpérité. L'un trouve la confufion par le chemin de la vaine gloire ; l'autre, la véritable gloire, par le chemin de l'humiliation.

Au milieu des rochers les plus affreux, dans l'horreur des précipices, & des antres profonds, on découvre des pierres précieufes, au lieu que fous les fuperbes Pyramides, & dans ces Maufolées, dont la nature & l'art ont fait des

(1) Livre d'Efther.

prodiges de magnificence , on ne trouve que des infectes hydeux ; & des cadavres dégoûtans. Les fleurs cultivées avec de si grandes précautions , si délicatement traitées , si soigneufement garanties des ardeurs du Soleil , & du souffle des vents , font enfin foulées aux pieds , & réduites en fumier ; au lieu que le diamant ne reçoit tant de coups des mains de l'ouvrier , & que l'or ne paffe par tant d'épreuves , que pour prêter un nouvel éclat à la Couronne des Rois , & contribuer à l'ornement des Temples & des Palais.

Je fouhaite , mon cher Fils , que ces confidérations entretiennent en vous cette égalité d'ame , qui ne permet point au fage de fuccomber fous le poids de l'adverfité. Je fouhaite qu'elles fervent à vous préferver des impreffions

dangéreuses de la mélancolie &
du chagrin.

Elévez toujours vos pensées. Si
la terre ne vous offre rien que de
triste, cherchez dans le Ciel un
spectacle capable de vous dédommager de ce qu'elle a de plus rebutant.

Je ne peux me servir, pour animer votre courage, de paroles
plus énergiques, que celles que
David mourant, adressoit à Salo-
mon son fils : (1) *Confortare & esto
vir.* ·

Tenez ferme contre l'adversité, montrez que vous êtes homme; c'est-à-dire, que par cette
sainte émulation qu'inspire la
grace, vous sentez toute la no-
blesse de votre origine, & que
vous ne voulez point la dégrader

____

(1) Armez-vous de fermeté, & conduisez-
vous en homme plein d'un saint courage. *III.
des Rois.* 2. 2.

par l'impatience & le découra-
gement.

Attachez-vous inviolablement
à pratiquer la vertu , perſuadé
qu'on ne peut être vertueux en
vain. On a judicieuſement ob-
ſervé que ce qu'on appelle fortune , conſervoit pour la vertu toute
l'eſtime qu'elle mérite , quoiqu'elle affecte d'abord de lui montrer
beaucoup d'indifférence ; & que
quand la vertu ſoutient ſon caractére , la fortune change le ſien.

XIII. JOUR.

Suite du sujet précédent.

JE vous parle ici avec plaisir, mon Fils, de la Providence, cette souveraine dispensatrice des biens du corps, comme de ceux de l'esprit; & pour vous en donner un exemple tout récent : Je vis dernierement un homme, qui, après une longue privation, me paroissoit suffisamment pourvû de tout, & je le priai de me dire comment un pareil changement s'étoit fait dans son état.

Il me répondit, avec une humble simplicité : J'ai travaillé l'espace de quinze ans sans récompense, & presque sans apparence d'en avoir jamais; mais toujours avec une satisfaction intérieure

qui naiſſoit de cette conſidération : *Je fais la volonté de Dieu.*

A l'âge de trente ans , & lorſque les inquiétudes & les craintes
commençoient à tenter, & à diminuer ma confiance, Dieu prit
plaiſir à l'augmenter, en me pro-
curant deux avantages ſi conſidé-
rables, qu'ils contribuerent à me
mettre ſur le pied où vous me
voyez. Je fus redevable de l'un,
à une attention de civilité , &
de l'autre, à une action de charité.

Mon Fils ,, je regardai alors
comme inébranlables des bénédictions temporelles, dont la vertu civile , & la vertu chrétienne
avoient jetté les fondemens ; je
pris même la réſolution de vous
propoſer cet homme comme un
bon modéle. Travaillez comme
lui, goûtez, comme lui, du plaiſir
à faire la volonté de Dieu, & vos

travaux feront récompenfés, comme les fiens le furent, dans le tems que vous vous y attendrez le moins. Sur-tout, marchez toujours d'un pas égal dans le chemin de la vertu ; réjoüiffez-vous dans le Seigneur, il vous accordera ce que votre cœur demande, ou il y suppléera par quelque chofe de meilleur. C'eft à fa Providence à prendre fon temps pour vous délivrer des peines, & vous tirer des embarras où vous pourriez vous trouver ; vous n'avez rien à lui prefcrire.

Confolez les pauvres, effuyez les larmes des affligés, foyez humain, officieux, prévenant, affable, tendre, compatiffant ; diffimulez les fautes du prochain, & ne vous pardonnez point les vôtres ; vous vous appercevrez que les bénédictions du Seigneur fe multiplieront fur votre tête. Il eft non-seulement liberal, mais prodigue, en quelque sorte, envers ceux qui cherchent, préferablement à tout, son Royaume & sa justice.

Ne laissez jamais échaper la moindre occasion de faire du bien à vos freres, & tâchez de conserver une parfaite égalité d'ame dans les temps les plus critiques, & les plus difficiles de la vie.

Ce seroit une affliction sensible pour moi, si, vous laissant aller au chagrin, je voyois la sérénité de votre esprit, dégénérer en une sombre mélancolie.

Songez que vous êtes chrétien, & qu'il ne convient pas à un homme, fait pour le Ciel, de trop s'embarrasser de ce qui est contraire à ses desirs sur la terre. Vous auriez tort de ne pas prendre généreusement ce parti, puisque l'adversité n'a rien de si dur qui ne

puisse

puiſſe être adouci par l'aſſurance
que vous avez de ne pas ſouffrir
toujours , & d'être magnifique-
ment récompenſé du peu que
vous aurez ſouffert. En ceſſant
d'être vertueux , vous ne perdriez
pas moins que le centuple que
Dieu promet à la vertu en ce
monde , & la vie éternelle qu'il
lui réſerve en l'autre.

Toutes les fois que le Seigneur
éxaucera vos priéres, ouvrez, mon
Fils, votre cœur à la reconoiſſan-
ce. Ne perdez jamais le ſouvenir
de ſes bienfaits, & conſiderez,
chaque jour, combien vous mé-
ritez peu les attentions de ce bon
Pere.

En rappellant les graces qu'il
vous a faites depuis que vous êtes
né, combien ne trouverez-vous
pas de ſujets d'une tendre ſur-
priſe , & d'une admiration profonde ? Gardez-vous bien de faire

fervir contre Dieu les dons qu'il ne vous accorde, que pour vous mettre dans une obligation étroite de les confacrer à fa plus grande gloire, à votre falut, à l'édidification de vos freres.

Si Dieu permet que les hommes vous honorent & vous diftinguent, humiliez-vous à proportion qu'ils vous donneront plus de marques de confiance, de déférence & de refpect.

Rien de ce que le Seigneur accorde à fes ferviteurs, ne leur eft donné envain. Les graces qu'il leur fait, font des armes qu'il leur met en main pour combattre les vices, ou des moyens qu'il leur fuggere pour étendre l'empire de la vertu.

Je ne parle pas feulement des graces intérieures, je parle encore des extérieures qui doivent être dirigées à la même fin.

Si donc vous avez plus de crédit, fi quelque dignité donne plus
de poids à vos paroles, & rend le
monde plus attentif à ce que vous
faites, fervez-vous du poids de
vos difcours, pour porter au bien,
& de la force de vos éxemples,
pour déterminer les autres à le
pratiquer.

Ainfi le ferviteur fidelle fe rend
utile à fon maître, fait profiter les
talens qu'il lui a confié, ne penfe
qu'à multiplier fes fujets ; ne s'occupe que de ce qui peut étendre
fon empire. O la noble ambition,
que celle qui nous porteroit à gagner autant de cœurs à Dieu, qu'il
y a de perfonnes avec lefquelles
nous fommes en relation, qui
nous fréquentent, ou qui ont
confiance en nous !

Qu'il eft avantageux de tellement briller aux yeux des hom-

mes, qu'ils ne puiſſent mécon-
noître la ſource d'où nos lumiéres procédent, & qu'ils ſe ſentent
portés à glorifier le Pere céleſte,
qui nous les a communiquées !
N'ayez point d'autre paſſion, mon
cher Fils, que de faire connoître
combien le Seigneur eſt bon à
ceux qui ont le cœur droit. Rendez la vertu aimable ; tâchez de
racheter votre ame en en ga-
gnant au moins une. Détruiſez
l'impreſſion que vos mauvais
éxemples ont fait autrefois, en
gravant dans le cœur de quelqu'un, les ſentimens que je m'ef-
force d'imprimer dans le vôtre.

Je prends beaucoup de plaiſir
à penſer que votre cœur eſt docile, & que ſi vous n'avez point encore la force d'atteindre à la perfection de toutes les vertus, vous
ne vous laſſez point, ni d'enten-

dre parler de leurs charmes, ni de dire aux autres combien vous en êtes touché.

Ne vous découragez point, attendez patiemment la visite du Seigneur ; il vous tente, il vous éprouve, soyez fidele ; viendra le temps qu'il vous donnera l'accomplissement de vos desirs.

Vous ne serez pas toujours enfant; laissez-vous, à présent, porter, ou conduire par la main ; un jour vous serez en état de marcher tout seul. Que dis-je ? Si vous ne vous écartez jamais du chemin que je vous trace, vous ne marcherez pas seulement, vous courrerez dans la carriére de la vertu avec tant de succès, que vous arriverez des premiers au terme où vous gagnerez la palme de la patience, l'olive de la paix, & le laurier de la victoire.

XIV. JOUR.

Suite du même Sujet.

MON Fils, ne vous attachez point à ce que vous serez infailliblement obligé de quitter un jour. Consacrez toute votre ardeur à la poursuite de ce bonheur parfait, qui ne peut échapper au vrai mérite.

Ne soyez point assez simple pour acheter, au poids de l'or, des morceaux de verre & de coquillages, défaites vous plûtôt de ces bagatelles, sacrifiez-les à l'acquisition de la Perle Evangélique.

N'employez pas le tems, la chose la plus précieuse que vous ayez, à faire des connoissances brillantes, à rechercher les premiers rangs, à vous procurer tant de su-

perfluités , qu'on appelle impro-
prement aifances, & commodités
de la vie.

Laiffez aux amateurs du monde
tout ce qui eft du reffort de la vanité, de l'ambition, de la molleffe.
La fageffe avec le néceffaire , eft
préférable aux titres , aux préé-
minences, aux délices, dont leur
imagination échauffée leur exagere le prix.

Les vertus, je dis même celles
qui font héroïques , n'ont rien qui
touche les amateurs du monde autant que l'appareil de la fortune.
Grands noms , grande faveur ,
grandes richeffes , voilà ce qu'il
faut pour attirer leur admiration.

Ils font charmés de ces objets,
parce qu'ils ne les voyent que du
côté qui les éblouït. Vous qui les
appercevez de celui qui vous laiffe
appercevoir toute leur fragilité ,
n'ayez pour eux que de l'indifférence.

Je regarde, mon Fils, ce que le monde fait tant valoir, à peu près du même œil, dont je vois les Pagodes des Chinois. Quelques unes font d'une Porcelaine très-fine, presque partout incrustées d'or, ornées des Emaux les plus précieux, & des plus belles couleurs de l'Orient. Cependant la bizarrerie de leur forme, me révolte, je n'y apperçois ni graces, ni goût, ni proportions; & je me crois très-bien fondé à leur préférer un simple morceau de marbre qui m'offre une seule tête taillée avec ses proportions.

Je me représente le Palais de la Fortune comme le Temple de *Daibuth* & *Damida* rempli de figures peintes & dorées, de Diables, de Monstres & de Géans. Il ne faut pas être moins aveuglé que les Idolâtres, qui fléchissent les genoux devant ces horribles grotes-

ques,

ques, pour donner tant de fignes extérieurs de foumiſſion & de reſpect, à des hommes qui leur reſſemblent.

Je n'en dis pas davantage : examinez le rapport qui ſe trouve entre les Coloſſes d'Argile, les Singes, les Lions, les Dragons, & les autres objets qui s'offrent aux yeux dans les Temples des Indiens, & ceux qui nous impoſent dans le grand monde.

Le mérite le plus réel qui eſt en nous, ne vient pas de nous. Quand le Soleil éclaire une Montagne, je ne dis pas : Voilà une Montagne qui luit, mais voilà la lumiere du Soleil qui réfléchit ſur elle ; cette Montagne n'eſt d'elle-même qu'un amas de matiere opaque & ténébreuſe.

Dieu nous prête telle ou telle qualité qu'il lui plaît ; il l'augmente, il la diminuë, il la conſerve, il la

P

change, sans que nous y apportions presque rien du nôtre. La reconnoissance même de son bienfait vient de lui. Si donc nous n'avons point à nous glorifier de ce qui nous paroît propre, puisqu'en effet il n'est point de nous, quoiqu'en nous, & que Dieu qui l'y a mis, peut l'en retirer quand il voudra, à bien plus forte raison avonsnous tort de nous glorifier de la naissance, des richesses, & des autres grandeurs mondaines, qui sont absolument hors de nous, & qui dépendent de la fantaisie & du caprice des hommes.

Considerez, mon Fils, l'état de quelqu'un qui n'a point de demeure fixe, qui tantôt loge chez l'un, tantôt chez l'autre, dépend de l'humeur de ses hôtes ; autant de fois esclave qu'il change d'habitation ; vous aurez le portrait de celui qui se laisse dissiper, emporter, égarer au gré de ses desirs , qui forme tous les jours de nouveaux desseins , & qui trouve autant de maîtres qu'il voit de personnes pro-pres, ou qu'il croit telles à favoriser ses projets. Opposez à cette vie er-rante & tumultueuse, celle d'un homme , qui demeure dans la maison de ses Peres, qui prend ses repas sous sa vigne , & à l'ombre de son figuier , qui conserve son héritage, sans penser à l'étendre , vous verrez l'emblême du sage.

Le sage habite dans son propre cœur, il se repose à l'ombre de son innocence, il se nourrit des fruits de la contemplation ; & content de la tranquillité que lui assure la pureté de sa conscience , il ne pense qu'à la conserver en se te-nant en garde contre les passions, & les desirs multipliés , qui pour-roient l'altérer.

Ne vous trompez point , mon

P ij

Fils, en vous croyant capable de beaucoup de chofes ; l'homme n'eft ordinairement qu'à une feule. Faute de fe connoître, il ne fçait fouvent laquelle c'eft. Il prend l'inclination pour la difpofition, & fe porte, en conféquence, à des entreprifes au-deffus de fes forces.

Nos connoiffances font très-bornées : Dieu le veut ainfi pour nous tenir dans l'humilité ; mais, infenfés que nous fommes ! nous franchiffons les bornes qu'il leur a prefcrites ; & femblables à des hommes avides du bien d'autrui, nous anticipons toujours fur le champ du voifin, en labourant le nôtre. De-là viennent les fautes groffieres dans lefquelles nous tombons, & la jufte, mais quelquefois très - mortifiante cenfure que nous encourons.

Examinéz donc férieufement quelle eft la portée de votre génie,

& ne vous flattez point fur fon étenduë. Le compas & la regle de la raifon en main, mefurez l'efpace qui vous eft accordé pour exercer vos talens. Prenez la diftance du point où vous pouvez commencer votre ouvrage, au point où vous devez le porter pour le rendre parfait. Ne vous attirez point le reproche, ni de n'avoir pas fçû courir, ni de vous être mis hors d'haleine, en voulant aller plus loin que la carriere.

Les talens dont le Ciel nous a gratifiés, quelques petits qu'ils paroiffent, nous font toujours aller au but, quand nous fçavons les faire valoir.

XV.ᵉ JOUR.

Suite du même Sujet.

LES hommes, quels qu'ils soient, ne peuvent pas toujours ce qu'ils veulent. Si leur volonté est étenduë, leur pouvoir est borné ; les expressions de leurs bons desirs, dont faute de moyens ils ne peuvent nous faire sentir de bons effets, font ordinairement ce que nous recevons de meilleur de leur part.

Il n'en est pas ainsi du Seigneur, il peut ce qu'il veut, sa Puissance est sans borne: ne lui est-il pas aussi facile de nous faire du bien, qu'il lui a été facile de faire de rien toutes choses?

Que je trouve insensé celui qui entend le Ciel & la terre lui crier à chaque inſtant : Le Seigneur eſt l'Eſtre des Eſtres, le ſeul Fort, le ſeul Puiſſant, le ſeul Bon, le ſeul Juſte, auquel la gloire, la louange, la confiance & l'amour ſont eſſentiellement dûs, & qui cependant cherche hors de lui de quoi contenter ſon cœur !

Pour vous, mon Fils, Soyez perſuadé que c'eſt uniquement du Tout - Puiſſant, que vous devez attendre tout ce dont vous avez beſoin. La force dans vos foibleſſes, la conſolation dans vos afflictions, le conſeil dans vos perpléxités, la lumiére dans vos ténébres, enfin le reméde à tous vos maux.

Que le ſort des incrédules & des impies eſt déplorable, puiſque dans les adverſités de la vie, la conſolation extérieure leur manque ! Ils ſont encore privés de l'intérieure, ils la rejettent même,

parce qu'ils n'en connoiſſent point
la vertu. Ils ſont donc dénués de
tout ſecours , au jour de l'affliction. Alors leurs ſemblables, dont
l'attachement ne peut être ſolide,
s'éloignent d'eux, & les abandonnent : Eux mêmes détournent
leurs yeux du Ciel d'où vient
tout ſecours efficace , & toute
conſolation véritable.

En quelqu'état que ſe trouve
l'homme , auquel le Seigneur a
départi le précieux don de la Foy,
il n'eſt jamais ſeul ; il répand ſon
cœur en ſa préſence, il le ſoulage
par la continuelle expoſition qu'il
fait de ſes peines, à celui-là ſeul
qui peut l'en délivrer

Perſuadé que les coups dont il
eſt frappé, partent de la main du
Pere céleſte , il les reçoit avec
ſoumiſſion. Sa patience n'a point
d'autre meſure que celle de ſon
adorable volonté.

Toujours il fent une confolation intérieure, qui pénétre jufqu'au fond de fon ame. Une voix fécrete lui répéte fans ceffe : Réjouis-toi, on ne multiplie tes peines, que pour multiplier tes couronnes. Tu marches accablé fous le poids de l'adverfité ; mais tu n'as pas encore beaucoup de chemin à faire pour arriver au terme du plaifir & du repos.

Celui que tu fers fera bientôt ta récompenfe ; pleure, & gémis encore quelque tems, tes larmes & tes foupirs vont être changés en une joye éternelle.

Dans l'horreur des prifons, dans l'obfcurité des forêts, dans le fein de l'indigence, cette voix fe fait entendre, & le fidele en eft confolé. L'impie n'entend rien de femblable, fon cœur eft endurci, une fi grande douceur ne peut y pénétrer. Il s'ennuye, il frémit, il s'agite , fon ame eft remplie d'indignation contre les hommes qu'il croit les auteurs immédiats des maux qu'il endure ; il blafphê-me, il fe défefpere; de quelque côté qu'il fe tourne, régne un filence profond qui le défole, & le vuide que la fuite de ces faux amis laiffe dans fon cœur, n'eft point rempli par l'effufion de l'Efprit divin.

Concevez , mon cher Fils , combien eft heureux l'homme qui croit , en comparaifon de ceux dont la fuperbe raifon n'a jamais plié fous le joug de la Foi ; qui fe font évanouis dans leurs penfées, & qui, fages à leurs propres yeux, n'ont pourtant jamais eû qu'une véritable folie en partage.

Les incrédules ne voyent rien que d'affreux & d'infupportable dans les maux de cette vie. Ils n'ap-perçoivent rien que de gracieux, & d'aimable dans fes joyes paffa-

géres & folâtres. Ils ne peuvent
souffrir, ni la privation de celles-
ci, ni le poids de ceux-là. Mais
les uns & les autres sont indifferens à ceux qui vivent de la foi.
Que dis-je? Ils préferent les peines aux plaisirs, & les fleurs de la
prospérité leur semblent moins
belles, que les épines de l'adversité. Le flambeau de la souveraine raison les éclaire. Divin
flambeau ! qui ne rend jamais tant
de lumiére, qu'au milieu des plus
épaisses ténébres.

Mon Fils, ce flambeau marche devant vous, allez où sa clarté vous guide, elle ne peut vous
égarer. Le soufle de l'ennemi est
fort, prenez garde qu'il ne l'étei-
gne, puisqu'alors, sans consolation & sans espérance, vous seriez
réduit à la déplorable condition
des incrédules & des impies, que
je viens de vous peindre.

Une triste expérience me convainquit il y a peu de jours, que le plus grand malheur n'est pas le fruit de l'indigence, de la douleur, du travail forcé, de l'abandon des proches, de l'indifférence des faux amis, des insultes des ennemis, & du mépris de ceux qui n'accordent leur considération, qu'à la fortune.

Un ancien ami me vint voir, parce qu'il ne sçavoit plus, comme on dit, où donner de la tête. Les coups de l'adversité l'avoient tellement étourdi, qu'il faisoit à peine usage du peu de raison qui lui restoit.

Oubliant ce qu'il croyoit devoir autrefois à sa naissance, à son état, à sa famille, il n'avoit point honte de s'avilir, disoit-il, & de ramper comme le dernier des misérables. Je ne pouvois m'empêcher de pleurer sur lui, mais ce n'étoit point au dérangement affreux de ſes affaires, que je donnois des larmes ; je le plaignois moins en qualité d'inſolvable, qu'en qualité d'inſenſible. Il étoit pourſuivi pour dettes, & la crainte de ſes créanciers le jettoit dans un trouble inconcevable.

Il devoit infiniment plus à Dieu qu'aux hommes, & la cainte de ſes jugemens ne faiſoit pas la moindre impreſſion ſur lui. Il ſ'abaiſſoit indifferemment devant tous ceux dont il eſperoit quelque ſecours, mais il étoit comme impoſſible de l'engager à recourir au Trône de la miſéricorde. La proſpérité l'avoit aveuglé ſur les intérêts de ſon ame. L'adverſité ne pouvoit lui ouvrir les yeux ; tout l'occupoit, tout l'inquiétoit, excepté le ſoin de rentrer en grace avec Dieu. Il croyoit à chaque inſtant

voir le Miniſtre de la juſtice , &
cette imagination le déconcer-
toit , mais jamais il ne penſoit qu'à
chaque inſtant il pouvoit tomber
entre les mains du Juge des vivans & des morts.

Son plus grand mal étoit donc
une dureté de cœur , qui le ren-
doit également inſenſible , ſoit à
ce que les vérités de la religion
ont de plus terrible , ſoit à ce
qu'elles offrent de plus conſolant.

Je penſe que Dieu ne me don-
noit un ſi triſte ſpectacle en la
perſonne d'un homme qui m'étoit
cher , que pour me faire mieux
ſentir combien le monde traite
durement ſes eſclaves ; combien
on riſque quand on ſe laiſſe aller
à l'attrait du plaiſir & combien il
eſt avantageux de prévenir par
une vie frugale , modeſte , retirée,

les terribles revers , fruits de la diffipation, du luxe & du liberti-nage.

Ceux qui , de bonne heure, ont porté le joug du Seigneur, le trou-vent dans les mauvais jours : en le trouvant leurs peines s'adoucif-fent, & leurs ténébres fe diffipent à la faveur des lumiéres qu'il com-munique infailliblement à l'ame qui lui eft fidelle.

Quand au contraire on a le mal-heur de vivre au hazard & dans l'oubli de Dieu , on eft comme enveloppé par une légion de maux. A l'extérieur on ne trouve que vanités , & quand on rentre dans fon intérieur , on y devient la proye des regrets & des re-mords.

Affujettiffons - nous donc aux régles de l'Evangile ; entrete-nons dans notre ame de grands fentimens de religion. Il eft un tréfor pour le pauvre, fenfible aux vérités du Chriftianifme ; mais celui dont l'indifférence pour ces mêmes vérités aveugle l'efprit, & endurcit le cœur, eft abfolument fans reffource.

XVI.

XVI. JOUR.

Suite du même Sujet.

POUR nous abandonner sans réserve & sans inquiétude aux soins de la Providence, qu'il nous suffise, mon Fils, de sçavoir que Dieu peut tout ce qu'il veut. La Justice même peut-elle rien vouloir que de juste ? la Bonté même rien vouloir que de bon ?

Dieu ne commande rien d'impossible ; & quelque soit la difficulté de l'exécution de ses ordres, on y satisfait dès que certaine grace vient au secours de la foible nature, & qu'on a soin de la demander.

Nous ne sommes heureux, qu'à proportion que nous accomplissons la Loi Divine ; l'esprit de ré-

Q

volte qui nous la fait enfreindre, est le plus grand de nos malheurs.

Si nous cessions de desobéir au Très-Haut, nous cesserions aussi de nous plaindre des miseres de la vie.

Quelle gloire pour un Chrétien qui peut dire ; je veux tout ce que Dieu veut ; par lui commencent, en lui finissent tous mes desirs ; je dépens de lui avec d'autant plus de plaisir, que ma soumission me rend indépendant des créatures, & je suis son esclave d'autant plus volontiers, que mon esclavage est le principe de ma vraye liberté.

Non, mon Fils, je n'ai jamais goûté ce que c'est que liberté, que lorsque j'ai servi le Seigneur avec quelque fidélité, & que je me suis senti plus étroitement lié par la chaîne de son amour.

Chaque fois que je me suis éloigné de lui, que j'ai fait ma volonté, que j'ai trop déferé aux idées du monde ou aux miennes, je me fuis trouvé gêné, contraint, refferré en mille manieres.

Un affujettiffement libre & volontaire à la Loi Divine, eft donc la feule chofe qui me paroiffe capable d'affoiblir en nous le fentiment des miferes de la vallée des larmes.

Bienloin que ce que nous cherchons hors de Dieu, foit un remede à nos maux, c'eft au contraire ce qui les augmente & les aigrit.

Quand je veux faire ma volonté, j'éprouve des contradictions de la part du Seigneur qui veut m'affervir à la fienne. Quand malgré ces contradictions falutaires, j'ai fuivi le premier mouvement qui me déterminoit, je trouve que je n'ai fait que la volonté d'un fou; que mes peines fe font augmentées à mefure que je croyois multiplier mes plaisirs; & qu’en secouant le joug de la Loy, je me suis livré à la tirannie des remords. Cette vûë m’afflige & me couvre de confusion.

Quand au contraire, plus sensible à l’attrait de la grace qu’aux sollicitations de la nature, j’ai plûtôt fait la volonté de Dieu, que la mienne, j’ai la consolation de voir que mon cœur n’est point sorti de ses mains, qu’il en a redressé les penchans, anobli les desirs, épuré les plaisirs; que j’ai préferé la sagesse à la folie, le repos au trouble, l’éternité au tems. Personne, mon Fils, ne doit prétendre aux biens éternels, excepté ceux qui font la volonté de Dieu. Souhaitons donc de l’accomplir sur la terre, comme les Anges l’accomplissent dans le Ciel. En tous tems, en tous lieux, dans la prospérité, dans l’adversité, pauvres ou riches, fains ou malades, confidérés ou méprifés, à préfent & à l'heure de notre mort.

PRIERE.

Gravez, ô mon Dieu! profondément dans mon cœur ces paroles prononcées par le verbe éternel. (1) *Que fert-il à l'homme de gagner tout le monde, s'il vient à perdre fon ame?* Ne permettez pas que je me laiffe emporter au torrent de mes defirs, ni que les Pompes Mondaines m'éblouïffent, ni que les Paffions m'étourdiffent, jufqu'à me faire oublier que ma principale, & pour mieux dire, mon unique occupation doit être d'affurer le falut de mon ame.

Que toutes mes penfées, toutes mes paroles, toutes mes actions foient autant dégagées de

____
(1) Marc. 8. 36.

l'esprit du monde, qu'animées par
celui de l'Evangile.

Je vous les offre toutes, ô mon
Dieu, afin que vous les bénissiez.
Je vous présente aussi mes intentions, afin que vous les rendiez
pures; & je vous prie d'attacher
si fortement mon cœur à vous,
qu'aucune des créatures ne puisse
jamais l'en séparer.

Fortifiez ce cœur contre les at-
taques de ses ennemis; pénétrez-
le tellement des traits de votre
beauté, que la flamme de votre
amour l'éclaire & l'échauffe continuellement; qu'en moi le désir
d'accomplir votre volonté, l'emporte sur tout autre désir.

Tout ce qui ne mene point à
vous, égare : tout ce qui n'occupe
point de vous, n'est qu'affliction
d'esprit.

Il est vrai que par une admirable disposition de votre Sagesse &

de votre Providence, il n'eſt rien dont, avec la grace, nous ne puiſſions faire un ſaint uſage. Point de chemin ſi rabotteux que nous ne puiſſions applanir, point de vallée ſi profonde, que nous ne puiſſions combler.

Cette conſidération m'anime d'autant plus, que je ſuis perſuadé que tant que j'aurai ſoin d'implorer votre ſecours, vous aurez la bonté de me l'accorder.

Ce n'eſt ni ſur le monde, ni ſur ſes puiſſances, ni ſur qui que ce ſoit, que j'appuie mes eſpérances. Le monde eſt rempli d'illuſions, ſa puiſſance n'eſt que foibleſſe. Pour moi, Que ſuis-je, Seigneur ? un pecheur, un néant.

Je n'ai donc garde de me repoſer ni ſur ma force, ni ſur ma vertu. Celle dont je me flatte quelquefois, m'abandonne au beſoin. Les chûtes les plus humiliantes me prouvent que je ſuis moins qu'un

Roſeau fragile, & une paille qui eſt le joüet du vent.

Toute mon eſpérance, ma confiance, ma force, & ma vertu ſont en vous; je le répete avec un plaiſir toujours nouveau, & je ſouhaite de mourir en diſant : (1) *Seigneur, j'eſpere en vous, je ne ſerai point éternellement confondu.*

Votre Prophete m'aſſure que la confuſion n'eſt point pour ceux qui vous ſoutiennent & qui attendent tout de vous : il m'apprend encore que le Dieu d'Iſrael eſt bon à ceux qui ont le cœur droit.

Seigneur, donnez m'en un qui ſoit de cette eſpece. Donnez m'en un, je vous en conjure, il n'eſt que vous qui puiſſe faire un tel don : je ne vous le demande auſſi que pour vous, je veux en occuper toutes les puiſſances à vous aimer durant le tems & l'éternité. AMEN.

(1) Pſ. 30. 1.

XVII.

XVII. JOUR.

Des Plaisirs & des Peines.

MON Fils, plus je considere les plaisirs & les peines de la vie, plus je me persuade que ni les uns ni les autres ne devroient pas faire l'impression qu'ils font sur nous. Pourquoi nous abandonner à la joye quand nous ressentons les premiers ? Pourquoi nous livrer à la tristesse quand nous éprouvons les derniers ?

Les plaisirs & les peines du monde passent avec le monde. L'Etre indépendant, immuable, éternel, doit seul emporter tous nos soins, occuper toutes nos recherches, s'emparer de tout notre amour.

Ne nous réjoüissons que lorsque nous sentons que notre cœur cher-

R

che ce Divin objet & s'attache à lui ; ne nous attristons que lorsque nous nous appercevons qu'il s'en éloigne, & se livre à de viles créatures.

Mon ame ne goûte plus de vrai plaisir, sitôt qu'elle se reproche d'aimer quelque autre objet, que celui qui est uniquement & souverainement aimable. Comment pourroit-elle se défendre d'être triste, quand elle remarque qu'elle est trop sensible à des charmes périssables, & que sa sensibilité devient la source de ses égaremens ?

L'attachement de mon ame aux biens terrestres, est la cause de toutes ses foiblesses & de toutes ses langueurs. Seigneur, fortifiez-la par votre parole, confirmez la résolution qu'elle prend de renoncer à tout, pour s'attacher à vous seul. Alors elle s'élevera vers le Ciel, & à mesure qu'elle appro-

chera du Trône de Votre Majesté, elle sentira renaître la consolation solide & le véritable plaisir. (1)
Adhæsit pavimento anima mea, vivifica me in verbis tuis.

Je connois la bassesse des choses qui m'ont vraiment amusé. La grandeur de celles qui devoient m'occuper sérieusement , commence à faire impression sur mon cœur; augmentez, Seigneur, son ardeur, & ses empressemens, pour qu'il tende à la fin pour laquelle vous l'avez créé susceptible d'amour & de haine ; ennoblissez ces deux Passions en leur donnant des objets dignes d'elles. Que votre beauté seule enflame mon amour, que ma haine ne sévisse que contre moi - même & contre le peché ; Que j'aime tout ce qui méne à

(1) Mon ame a été comme attachée à la terre, rendez - moi la vie selon votre parole. Ps. 118. 25.

R ij

vous; que je déteste tout ce qui peut m'en détourner ; Que j'aime toutes les occasions de souffrir pour vous ; que je m'éloigne de toutes celles qui me porteroient à prendre quelque plaisir hors de vous. Que votre grace m'inspire non seulement de l'indifférence, mais encore de l'aversion pour ce qui plaît à la nature corrompuë, & que cette nature toute superbe, toute rébelle qu'elle est, aime à se voir vaincuë par la grace. Que l'amour de la justice & de la vérité me fasse estimer les persécutions qu'elles attirent souvent ; que la haine du péché m'oblige à craindre jusqu'à l'apparence du mal ; que je vive en mourant continuellement au monde, & que l'instant de ma mort naturelle, soit le commencement de ma vie véritable.

J'ai dit, après cette priere : Je

ne regarderai point les maux de cette vie comme des traits du malheur , puifqu'il eft conftant qu'ils me frayent un chemin au bonheur. Je poffederai mon ame en patience. Le coup qui me caufe une douleur fi vive , m'eft porté par une main qui peut la conver- tir en une fource de plaifir. Ce que j'appelle rigueur & févérité , n'eft qu'un pur effet de la bonté di- vine. Elle veut me détourner d'un fentier qui m'égaroit, m'é- loigner des occafions du peché , & me fournir le moyen d'expier par un fentiment douloureux , les égaremens de ma jeuneffe,& mon emportement dans le plaifir.

Dieu eft jaloux de mon ame ; il aime mieux la voir gémiffante fous le poids des douleurs corpo- relles , jetter quelques regards , pouffer quelques foupirs vers lui , qu'errante au gré des paſſions, ſecondées par la vigueur de l'âge & de la ſanté. Dieu veut poſſéder mon cœur à quelque prix que ce ſoit. Les créatures font de grands efforts pour le lui dérober ; combien me dois-je tenir honoré des violences qu'il me fait, pour m'engager à le lui conſerver ?

Dirai-je que les maladies ſont des fléaux dont Dieu ſe ſert pour me punir ? Non, je ſens qu'il ne me les envoye que dans le deſſein de m'attirer à lui. Si je vois éclater ſa juſtice dans les afflictions, je n'y vois pas moins briller ſon amour ; la douleur eſt un mal réel, mais je puis auſſi la convertir en un bien réel par la patience & la réſignation. Quand donc je ſentirai le poids de l'adverſité, je me garderai de m'in-

patienter & de murmurer. D'un
mal grand par lui-même, j'en
ferois un mal incomparablement
plus grand, en me révoltant contre la Providence. Les maladies,
les pertes de biens, les flétriſſures
de la réputation, l'indigence peuvent contribuer à mon parfait
bonheur en l'autre monde. Se-
rois-je aſſez inſenſé pour le ré-
duire à ne me donner en celui-ci
que l'avant goût des ſuplices éternels?

Mon Fils, il vaut mieux aller
dans une maiſon de deuil, que
dans une ſalle de feſtin & de ré-
joüiſſance; dans l'une, on fait un
retour ſur ſoi, & l'on penſe à ſa
fin derniere; dans l'autre, on s'oublie, & l'on ne ſonge qu'au pré-
ſent qui nous échape, & qui ſe
perd au milieu des plaiſirs.

La vûë des malades eſt plus

salutaire que celle des personnes qui joüissent de la santé ; les foi-blesses & les miseres humaines se montrent à découvert dans ceux-ci, à peine les entrevoit-on dans ceux-là, sous le masque imposteur qui les déguise.

L'homme ne sçauroit trop se persuader combien il est peu de chose. Qui peut mieux l'en convaincre que l'état des malades & des moribonds, en qui se fait mieux sentir le néant de ce qui nous occupe sous le Soleil ? Tout les abandonne, ils se quittent eux-mêmes, & dans cet état il n'y a de différence entre l'homme de génie & l'imbécille, le vaillant & le lâche, le riche & le pauvre, que celle, que quelque signe extérieur, & surtout notre imagination veut y mettre.

Toutes les fois donc que vous aurez vû quelqu'un attaché à un lit

de douleur, dans une situation aussi
pénible qu'humiliante ; pensez que
la Providence vous a conduit dans
sa chambre, comme dans une Ecole où vous deviez apprendre à faire
peu de fond sur vous, à regarder la
vie avec une généreuse indifférence, à vous préparer continuellement à la mort.

XVIII. JOUR.

Suite du Sujet précédent.

MON Fils, il ne nous convient pas de perdre le tems à nous amuser, à nous divertir, à nous reposer dans le lieu de notre exil. Nous devons nous y occuper sérieusement & sans relâche du jour auquel nous en serons tirés, pour être examiné sur l'usage que nous aurons fait des plaisirs & des peines. Nous devons y gémir, nous devons y travailler. N'attendons point, ici bas, l'accomplissement de nos desirs, préparons-nous plutôt à les voir perpétuellement contredits. Loin de rechercher les honneurs & les satisfactions des sens, appliquons-nous seulement à bien vivre dans l'obscurité ; ne nous exerçons qu'à fuir ce qui énerve le corps , apésantit l'esprit, & défféche le cœur.

N'imaginez point , mon Fils, de plaisirs supérieurs à ceux que procure le témoignage d'une bonne conscience. Ne desirez rien avec un empreffement trop vif , vous n'aurez point de mouvement d'impatience ; prêtez - vous de bonne grace aux événemens les plus contraires, vous retranche-rez toute occasion de murmurer contre la providence.

Ne demandez rien aux hommes ; au moins, demandez-leur peu de chofe, vous ne vous plain-drez point amérement de leurs refus.

Ne vous élevez point trop haut, choififfez même , s'il le faut , votre place au dernier rang, vous ne rougirez point de vous voir abaiffé ou reculé. Qui pourroit

vous mettre plus bas ? Votre esprit
étant alors dans une situation
tranquille , tout deviendra pour
vous un sujet de plaisir

Partout où le chrétien philosophe porte les yeux , il découvre
dans le spectacle de la nature mille moyens de s'occuper agréablement des perfections de son auteur , l'ennuy n'a point de prise
sur lui ; partout, il se fait une occupation gracieuse , ou de la con-
templation , de la lecture , de l'é-
tude , de l'agriculture, ou de quelque art, soit libéral , soit mécani-
que.

Toutes ces choses offrent les
plaisirs les plus touchans à l'homme libre de mauvais soins , pendant qu'elles n'ont rien que d'ennuyeux & de rebutant , pour ceux
qui sont envelopés dans les embarras du siécle, & pour les malheureux esclaves des passions.

Cette morale est bien différente de celle des Philosophes pré-
tendus, dont le Sage a fait l'affreux portrait, & qui m'ont quelquefois exposé, à peu-près en ces
termes, les conséquences de leurs
sistémes.

(1) Nous sommes les enfans du
plaisir, vivons & mourons en goû-
tant ses douceurs.

Laissons les esprits foibles, les
ames timides & superstitieuses, se
livrer aux espérances & aux craintes de l'avenir.

Saisissons le présent, c'est l'u-
nique bien qui mérite notre attention. Voyez que ces roses
font belles ? Cueillons-les donc
avant qu'elles se fannent, faisons-
en des couronnes, & divertissons-
nous, pendant que la belle faison
nous invite à la joye.

Répandons par tout des fleurs

(1) Sagesse c. 2.

fur notre paſſage ; bâtiſſons-nous
des maiſons où nous puiſſions
nous livrer au plaiſir, à l'abri des
injures de l'air ; raſſemblons-y les
délices & les commodités de la
vie ; partageons-les avec d'agréables convives, & tous ceux dont
les talens peuvent animer la volupté.

Célébrons le mariage de nos
enfans par les feſtins, les jeux,
les ris, & les veilles amoureuſes.

Si cetteimportune, qu'on appelle la Raiſon, s'aviſe de venir nous
troubler, noyons-la dans le vin.

Déconcertons par nos railleries quiconque prétendra nous
effrayer, en nous préſentant le
fantôme de la Religion.

Bûvons, mangeons, chantons,
aimons tout ce qui nous paroît
aimable, & ſi quelqu'un de la Nation appellée ſainte, oſe nous re-

Sageſſe c. 2.

procher cette vie , difons - lui : laiffe nous le préfent , nous t'abandonnons l'avenir ; s'il infifte , en difant vous mourrez , répondons-lui , nous le fçavons ; pour cela même, nous voulons goûter aujourd'hui les douceurs de la vie, dont peutêtre la mort nous privera demain. (1)

Vous pourriez, Mon cher Fils, vous trouver en certaines circonftances, où, las de combattre toujours contre vous-même , & de rejetter continuellement les follicitations du plaifir , fans vous trouver plus avancé dans le chemin de la perfection, vous feriez tenté d'adopter des fentimens , dont plufieurs de vos amis font la régle de leur conduite.

Ne craignez - vous point déja la féparation des objets, que l'habitude vous a rendu fi chers &

(1) Sageffe c. 2.

fi néceſſaires en quelque ſorte? Comment, me direz-vous, puis-je me réſoudre à m'éloigner de tant d'occaſions, qui ſont la ſource de mes plaiſirs? Prenez-y garde, mon Fils, ces plaiſirs vous coûteront cher, mille inquiétudes, & mille craintes les accompagneront; mille regrets & mille remords les ſuivront de près. Au contraire le généreux effort que vous ferez pour y renoncer, portera même avec ſoi je ne ſçai quelle douceur, où votre ame agréablement noyée, ne ſera plus troublée d'aucune crainte, ſi ce n'eſt de celle d'en perdre le ſentiment & le goût.

Ceux qui vivent au gré de leurs paſſions, ceux qui donnent tout à leurs ſens, ſont incomparablement plus tourmentés, que ceux qui corrigent les unes, & qui mortifient les autres.

II

Il eſt une certaine douceur, pour celui qui tient la cupidité captive, qui ne peut-être goûtée par celui qui n'en réprime jamais la licence.

Suppoſons qu'un tel homme voulût être ſincére. Il vous diroit, que ſa vie eſt moins une ſuite de ſenſations gracieuſes & de ſentimens agréables, qu'un enchaînement d'inquiétudes, de ſoins, de craintes, d'agitations, de troubles, & de remords.

Quelque ſoit la difficulté que vous pourriez trouver à vous vaincre, ne vous attriſtez point, ne vous découragez point, l'ennemi redoubleroit ſes efforts, à meſure qu'il verroit croître votre lâcheté.

Il ſe prévaudroit auſſi de la mauvaiſe humeur, dans laquelle vous ſeriez plongé, pour vous engager dans ſon parti, où vous

croiriez appercevoir plus d'agrémens & de confolations que
dans celui de la vertu.

Réjoüiffez-vous, Mon Fils,
réjouiffez-vous; recherchez mo-
deftement ce qui peut écarter la
mélancolie, & vous entretenir
dans une perpétuelle gayté. Je
vous ai dit que les enfans d'Adam
étoient condamnés aux larmes,
& qu'ils devoient gémir & travail-
let fans ceffe dans le lieu de leur
exil; mais concevez, je vous prie,
combien les foupirs, les gémiffemens, les occupations férieufes,
dont je vous fais une obligation,
différent de la trifteffe que je vous
défends.

Il eft un brifement de cœur qui
produit la joye. Il eft une affliction d'efprit, qui défole, & qui
défefpere. C'eft contre cette derniére que je vous mets en garde;

Je prie inftamment le Seigneur notre Dieu de vous accorder l'autre.

Nous lifons que plufieurs ont
rompu les chaînes des plus forts
engagemens, embraffé le genre
de vie le plus auftere, & le plus
contraire aux inclinations de la
nature corrompuë, renoncé à
leur volonté propre; ils fe font
bannis des compagnies, ils font
morts à eux-mêmes. Ils fe font en
quelque forte enfévelis dans la
retraite, pour n'y plus vivre que
pour Dieu.

Penfez-vous, mon Fils, qu'ils
ayent vécu fans plaifir ? Ils ont
joüi d'une fi grande fatisfaction
qu'il m'eft impoffible de vous en
donner une jufte idée. Dieu pro-
portione toujours ce qu'il donne
au prix dont on l'achéte; ainfi
plus vous facrifierez des agrémens
dont vous jouiffez aujourd'hui,
pour acquerir la joye intérieure

dont je vous parle, plus la mesure dans laquelle Dieu vous l'accordera sera parfaite.

Je me posséde, me direz-vous alors, & dans cette possession est renfermé ce que je peux desirer de plus précieux ; tranquillité de l'esprit, paix du cœur, sentimens sublimes, consolations célestes ; enfin, tout ce qui peut contribuer à la félicité d'une créature raisonnable. Je comprens qu'il n'y a de vrayes grandeurs que dans les humiliations, de vrayes richesses que dans la pauvreté volontaire, de vrais plaisirs que pour ceux qui renoncent aux plaisirs trompeurs & passagers.

Croyez-moy, mon cher Fils, rien n'est si délicieux que l'état où l'ame s'écoute, pour ainsi dire, & joüit d'elle-même dans le silence des passions.

Si l'homme faisoit toujours un

bon ufage de fa raifon, il trouve-
roit tant de charmes à fe poffémer
en paix, qu'il n'y a ni grandeurs, ni
tréfors qui lui paruffent préferables
à cette poffeffion. Mais la raifon
femble l'abandonner quand il a le
plus befoin d'elle, & fe rengeant
quelquefois du côté des paffions,
elle plaide leur caufe avec trop
de fuccès. Delà vient que l'homme ceffant de les regarder comme ennemies, il permet qu'elles
le flattent, &, feduit par leurs ca-
creffes, il en devient le miférable
efclave.

Pour vous, mon Fils, affurez-
vous de votre raifon en la tenant
toujours fubordonnée & foumife à
la Sageffe éternelle, & en deman-
dant à Dieu qu'elle foit guidée &
dirigée par la Foi. Si vous voulez
conferver la clarté, la liberté, la
gayté de l'efprit, retranchez cha-

que jour quelque chofe de vos defirs, ne vous occupez que de Dieu & de vous même ; fupportez les foibleffes de vos freres, & que les vôtres ne vous troublent jamais exceffivement.

Si, d'un côté, vous avez tout à craindre de votre foibleffe, vous avez, d'un autre, tout à efpérer de la grace du Dieu des Forts, & des mérites de Jefus-Chrift fon Fils.

Que vos fréquentes fragilités excitent en vous la contrition, & jamais la confternation ; ne dites point, le Seigneur m'a délaiffé, pour avoir été quelquefois abandonné à vous même. Quand fa grace vient à vous, & que vous la recevez dans un cœur bien préparé, le Seigneur vous vifite ; quand il la retire, il vous éprouve, mais jamais il ne veut vous perdre.

Voici ce que dit le Seigneur
notre Dieu. (1) *Ego cogito cogita-*
tiones pacis & non afflictionis .....
(2) *Modicum & non vibebitis me,*
iterum modicum & videbitis me.
Ecoutez encore ce qu'il daigne
vous faire entendre par mon or-
gane.

Homme de peu de foi, fi tu me
regardois comme ton Pere, & fi
tu confiderois ce que chaque jour
je fais pour toi, le regard que ton
ame porte fur moi feroit tendre ;
& loin de te caufer du trouble, il
répandroit dans ton intérieur la
confolation & la joye. Pourquoi
un péché en attire-t'il un autre ?
c'eft que tu n'es point foumis à
ma volonté ; c'eft qu'au lieu de

(1) Les penfées que j'ai fur vous, dit le Seigneur, font des penfées de paix, & non d'affliction. *Jerem.* 29. 11.

(2) Encore un peu de tems, & vous ne me
verrez plus : encore un peu de tems, & vous
me verrez. *Jean*, 16. 16.

t'humilier, tu te révoltes contre moi. Peu s'en faut que tu ne m'accuses d'être l'auteur du mal que tu fais. Au lieu des larmes douces, & des tendres foupirs que je te demande, tu ne pouffes vers moi que des rugiffemens furieux. Tu voudrois fécouer le joug que j'impofe à tous les enfans d'Adam; enfin, tu voudrois que je changeaffe mes décrets en ta faveur. L'ennemi qui épie ton ame profite de cette dangéreufe fituation; il fe prévaut de la vanité de tes penfées, pour introduire chez toi l'efprit de blafphême & de défefpoir; il t'accable de fcrupules, il te fait trouver ma Loy trop dure, ce qu'elle te commande, impraticable, & tu deviens, à la fin des faux raifonnemens qu'il te fuggere, plus criminel que tu n'étois avant que tu les euffes formés. J'ai en horreur les hommes qui

me

me blâment de leur avoir laiſſé la liberté, à cauſe du mauvais uſage qu'ils en font. Je déteſte des ames de bouë, toujours prêtes à préferer la condition des bêtes à la leur ; les lâches qui aimeroient mieux n'être point, que d'éxiſter avec l'obligation de ſe faire quelque violence pour l'amour de moi, ſont les objets de mon indignation.

Mon Fils, ne vous rendez point ſemblable à ces inſenſés ; agiſſez en homme raiſonnable & chrétien, c'eſt-à-dire, avec courage & patience. (1) *Viriliter age* ; ſoyez fort & conſtant, *Confortetur cor tuum.* Soutenez le Seigneur, *Suſtine Dominum* : Vous avez autant & plus de ſujets de vous confier en lui, que vous en avez de vous défier de vous-même.

(1) Pſ. 30. v. 25.

T

XIX. JOUR.

Suite du même Sujet.

LES trêves que nous avons avec les ennemis invisibles, sont très - courtes, ne quittons donc jamais les armes. L'expérience nous apprend que ces ennemis reparoissent, & nous forcent d'employer à les combattre, le tems même que nous destinions au repos.

Empêchés déja par cette espéce de guerre civile, que la chair & le sang livrent à l'esprit, nous sommes encore obligés de prendre les armes contre les démons de l'air, & les puissances des ténébres, qui viennent sans cesse au secours de la cupidité.

Il est à caindre que celui-là ne

périsse dans les embuscades de la nuit, qui aura évité les fléches qui volent en plein jour , & que la lance ne donne le coup de la mort , à celui qui sera échappé au tranchant de l'épée.

Le Seigneur habite une lumiére inaccessible, d'épaisses ténébres couvrent l'abîme de ses jugemens. Souvent il n'éleve l'homme bien haut, que pour permettre, un instant après, qu'une chûte honteuse , de la place d'honneur où il l'avoit mis, le rejette dans la fange , dans laquelle il ne craignoit point assez de retomber.

Sa main adorable & terrible dispense le bien & le mal à poids égaux. Il veut que ces deux contraires servent , tantôt d'antidote au poison de l'orgueil, & tantôt de préservatif contre une crainte pusillanime ; il veut que le bien & le mal, en se contrebalançant, nous

deviennent utiles ; il veut que notre bonheur forte du fein de l'adverfité , & notre gloire de celui
des humiliations. Il nous aide à
tirer avantage de nos tentations ,
il nous fait un rampart de nos propres bréches.

Heureux donc celui que foutient le Seigneur ! Heureux celui
qui ne perd point de vûë fa mifé-
ricorde, au jour qu'il a plus lieu de
craindre fa juftice ! Heureux celui
qui ne ceffe point d'efpérer en
lui , quand tout lui paroît défef-
peré !

Confidérons, mon Fils, que le
Seigneur n'a permis les excurfions
des démons fur les terres de fes
ferviteurs , que pour les engager
à fe tenir continuellement fur
leurs gardes.

Les combats journaliers les
exercent, & les préparent à ces
rébellions inopinées, à ces affauts

terribles, à ces tempêtes furieuses, qui ébranleroient les Colomnes du Ciel, si Dieu ne les avoit affermies pour le grand jour de la tentation.

Que ce jour est terrible pour l'ame fidelle ! La lumiére dont elle joüissoit s'y change, tout-à-coup, en une nuit affreuse. Au lieu des charmes de la vertu qui la ravissoient, elle ne voit plus que ceux du vice qui lui plaît plus qu'elle ne veut. Le tems qu'elle passoit tranquillement au pied des Autels & dans la solitude, n'est plus employé qu'à détruire avec des peines incroyables, des monstres hideux, à écarter des illusions dangéreuses, à dissiper des phantômes détestables. À la place des vûës consolantes que les Anges de lumiére lui donnoient dans l'Oraison, elle n'y reçoit que des impressions infernales. Au lieu de la paix qui régnoit entre cette ame, & le corps qu'elle croyoit soumis, elle ne voit plus que sédition & révolte, elle ne sent plus que les efforts que fait ce vil esclave, pour la rendre complice de ses désordres. Mille abysmes s'ouvrent sous ses pas, ses puissances sont dans le trouble. Ou les coups redoublés de ses ennemis l'affoiblissent, ou leurs cris importuns l'étourdissent tellement, que, souvent, elle ne peut discerner qui régne en elle, ou de la grace, ou du péché. Que deviendroit-elle alors, si par malheur, elle perdoit le souvenir de ce que le Seigneur dit à l'apôtre des Gentils, qui se plaignoit des outrages de l'Ange de Satan ? (1) *Sufficit tibi gratia mea.... Virtus infirmitate perficitur.*

(1) Ma grace vous suffit, car ma puissance éclate davantage dans la foiblesse. 2. *Cor.* 12. 9.

Je fçai que tout l'Univers obéït au Très-Haut , que les change-mens les plus furprenans dépen-dent d'un feul acte de fa volonté. Dieu peut tout. J'ofe donc efpé-rer de voir ma foiblefle convertie en force, ma l'âcheté en courage, ma timidité en hardiefle.

Ce qui réellement eft une oc-cafion de perdition, peut devenir un moyen de Salut, par une ado-rable difpofition de la Sagefle éternelle.

Si je me défie fans cefle de moi-même, fi je n'ai de confiance qu'en l'Eternel , mes propres foi-blefles tourneront à mon avanta-ge. Le Créateur lui-même m'ap-prendra l'ufage que je dois faire des créatures , il rectifiera mes intentions, il réglera mon imagi-nation , il purifiera mon cœur, il affujettira mes fens à ma raifon , il m'enseignera le secret de vivre sans soin au milieu des soins, & sans dissipation & sans trouble au milieu des distractions & des agitations du monde. Toujours consolé par le sentiment intérieur de sa présence, la tristesse & l'ennui ne pourront me gagner, ni l'intérêt me corrompre, ni les louanges m'énorgueillir, ni la beauté me séduire. Regardant Dieu comme le principe de tout, je rapporterai tout à lui, ma vie sera une priére continuelle, d'autant que le travail, le repos, la santé, la maladie, le calme, la tempête, les sécheresses, les tentations, les illusions, les chûtes, tout enfin ce qui partage la vie de l'homme, m'engagera à l'invoquer & à benir son saint Nom.

J'éleverai sans cesse ou mon cœur, ou ma voix vers l'Eternel, foit pour le remercier des graces accordées, foit pour lui en demander de nouvelles, foit pour lui marquer ma crainte, foit pour lui témoigner mon amour.

Telles font, mon cher Fils, les difpofitions d'un Chrétien, qui veut, en dépit du démon, de la chair & du monde, refter inviolablement attaché à fon Dieu. Il comprend que fans cet attachement, la condition de l'homme, quelqu'avantageufe qu'elle paroiffe, eft en effet très-miférable.

Ne craignez donc rien tant que de vous éloigner du Seigneur, en vous livrant aux caprices de l'imagination, & aux preftiges des fens. Ne regardez comme de grands avantages, que la confiance & la défiance que je vous ai recommandées. Avec elles l'agitation des paffions & du monde fervent moins à nous perdre, qu'à nous rejetter entre les bras du Pere des miséricordes : Il les tient toujours ouverts pour recevoir ceux qui n'espérent qu'en lui seul.

XX. JOUR.

Suite du même Sujet.

L'Imagination exagere les plaisirs & les peines de la vie. Voulez vous, mon Fils, avoir une juste idée des uns & des autres, ne la consultez point, au moins ne vous fiez jamais à son rapport.

L'imagination ne se passionne pour les objets, ou ne conçoit de l'aversion contre eux, que sur le témoignage des sens.

Les sens sont sujets à mille illusions. Tout ce qui les flatte leur paroît bon, quoique souvent rien ne soit plus pernicieux.

Les yeux du corps ne voyent que la superficie des choses, les yeux de l'ame en pénetrent la substance, pourvû que la vivacité de

leurs regards ne foit point émouf-
fée par l'imagination, & que les
malignes vapeurs des Paffions ne
couvrent pas le Soleil de l'ame.
Alors, de clairvoyante qu'elle étoit,
elle devient aveugle, fe laiffe aller
où l'imagination l'entraîne ; em-
braffe le faux avec toute l'ardeur
que le Vrai feul mérite : & prend
pour la fource des plaifirs, l'origine des plus grands maux.

L'imagination n'eft jamais fidelle dans le rapport qu'elle nous
fait des objets, elle les groffit ou
les diminuë, felon qu'elle nous
trouve préoccupés, les peint en
beau, ou les repréfente avec les
traits les plus groffiers, & les couleurs les plus noires.

Nous avons ordinairement pour
les chofes qui nous font falutaires,
une averfion que l'imagination
entretient, ne nous les offrant jamais que d'un côté qui les rend

dégoutantes ; nous n'aimons, au contraire, que trop ce quinous eſt pernicieux ; auſſi l'imagination prend-elle plaiſir à l'embéllir. Dans la retraite, par exemple, elle ne nous montre qu'ennui, fadeur & dégoût ; dans une vie d'amuſe-ment, de diſſipation, & d'intrigue, elle ne nous laiſſe appercevoir que du plaiſir : Plaiſir dont elle rend l'idée d'autant plus attrayante, qu'elle en écarte celle des amertu-mes ſecrettes qui l'accompagnent, & des remords qui les ſuivent.

L'imagination a tant de crédit ſur notre foible raiſon, qu'à peine celle - ci oſe-t'elle taxer celle - là d'impoſture, quand-même elle remarque qu'elle l'a trompée.

Lorſqu'en examinant de près les objets, nous ne les trouvons pas tels que l'imagination nous les avoit repréſentés, plûtôt que de l'accuser d'imposture, nous disons que nous en avons manqué le point de vûë, & nous nous fatiguons vainement à le chercher. De-là vient aussi, que l'œil est insatiable de voir, quoiqu'il ne trouve jamais dans les objets que la centiéme partie des beautés, que l'imagination leur prête. Il en est tellement épris, qu'il ne peut se persuader qu'elles ne soient qu'idéales : il les croit réelles, & ne se lasse point de les chercher.

L'homme une fois trompé, court risque de l'être toujours ; plus malheureux, en cela, que les animaux, qui, rarement, sont pris au même piége dont une fois ils sont échapés.

Nous sommes assez imprudens pour marcher encore au bord des Précipices où nous nous souvenons d'avoir fait de tristes chutes.

Souvent notre vie se passe à sortir d'un Labyrinte pour entrer dans un autre.

Un ancien a dit, que celui qui a déjà fait un triste naufrage, craint ordinairement la Mer la plus tranquille. N'a-t'il point fait trop d'honneur à l'homme ? Ne sçavoit-il point que ses malheurs ne le rendent pas toujours sage ?

Plusieurs naufrages ne moderent point l'avidité d'un Négociant à qui il reste la moindre resource ; à peine échapé à la fureur des flots, il ne songe, dès qu'il a pris terre, qu'aux moyens de réparer ses pertes, en s'exposant à en faire de nouvelles ; il passe donc sa vie à chercher le repos dont il s'éloigne, à poursuivre le bonheur qui le fuit, à se laisser emporter par le desir, abattre par le chagrin, relever par l'espérance.

Telle est à peu près la déplora-

ble conduite de tous tant que nous
fommes; quand nous n'avons pas
fçû conferver l'empire à notre
raifon, l'imagination nous agite,
nous entraîne, & nous trompe
perpétuellement.

Une paffion n'eft pas plûtôt fa-
tisfaite, qu'une autre fouvent plus
impérieufe exige que nous la con-
tentions. Nous concevons, en l'abfence des objets, des idées charmantes que leur préfence fait éva-
noüir. Quand eft-ce qu'en les pof-
fédant, nous joüirons de la centiéme partie des plaifirs que nous
nous étions promis en les defi-
rant?

Mon Fils, fi vous ne voulez
point paffer le refte de vos jours
dans l'illufion & dans le trouble,
reprimez de bonne heure les fail-
lies de votre imagination; cherchez tous les moyens de comman-
der à vos fens; ne regardez jamais
les

les objets d'un seul côté : pour éviter toute surprife , examinez - en
toutes les faces. Nous agiffons
prefque toujours en conféquence
de notre premiere idée. Les fen-
fations nous menent , quand les
réfléxions devroient nous conduire.

La beauté des apparences nous
flatte, nous féduit, & nous engage dans des pas dangereux, dont il
eft prefque impoffible de nous
tirer.

La Sirene chante ; la douceur
de la mélodie nous fait tourner la
Prouë vers l'endroit d'où vient fa
voix. D'abord , nous ne fentons
qu'un vent frais qui nous aide à
voguer, enfuite un courant impétueux nous emporte, & brife notre
Vaiffeau contre les rochers où la
perfide fe retire.

On ne tient point de route certaine quand on marche au plaifir.

V

On fent une funefte légereté qui porte toujours plus loin qu'on ne vouloit aller. On eft furpris de paf-fer tout à coup d'un chemin fpa-cieux & femé de fleurs, dans un fentier étroit, hérifé d'épines & bordé de précipices. Le plaifir s'éloigne à mefure qu'on avance, les foins nous accablent, les pei-nes nous affiégent de toutes parts.

Le crime a fes degrés comme la vertu. Perfonne ne va, pour ainfi dire, d'une haleine, du bien au mal; mais le plaifir nous fait trou-ver de l'une à l'autre extrémité, un paffage d'autant plus dangereux, qu'il eft prefque infenfible.

Le plaifir doit nous paroître un ennemi d'autant plus redoutable, que fes violences font douces, & qu'il eft difficile de ne pas aimer les piéges qu'il nous tend. Les amor-ces du plaifir font en nous, & pref-que dans tout ce qui tombe fous nos fens : avec quelle attention ne devons nous pas prévenir fes furprifes? Craignons, ô mon Fils, craignons le plaifir que perfonne ne craint, non pas qu'il foit toujours mauvais de fa nature, mais parce que la nôtre eft foible, & que tout ce qui la flatte lui eft ordinairement une occafion de fcandale & de chute.

Fuyez ces amufemens où la jeuneffe confume fes plus beaux jours. Fuyez ces engagemens dont la douceur vous dégoûteroit de vos obligations les plus effentielles. Fuyez ces divertiffemens qui vous feroient perdre de vûë les plus importans de vos devoirs.

Dans le rayon de miel, dont nous fommes extrêmement avides dans un certain âge, eft cachée une Abeille, qui tôt ou tard nous fait fentir fon aiguillon. Si la diffipation de la jeuneffe, ou l'étourdiffement des paffions nous ôte le fentiment de cette bleffure , la douleur n'en eft que plus cuifante dans un âge plus avancé.

Tout ce qui nous avoit charmé , nous rebute alors , ce qui nous avoit le plus agréablement occupé nous ennuye , nous y condamnons ce que nous avions approuvé , nous y déteftons ce que nous avions le plus tendrement aimé.

Le belle faifon de la vie paffe avec une prodigieufe rapidité ; le repentir de n'en avoir pas fait un bon ufage , eft la premiere chofe qui nous fait appercevoir qu'elle eft écoulée.

Vous regretterez les jours que vous aurez donné au plaifir, parce que le plaifir ne laiffe rien après foi, qu'une idée femblable à celle qui refte d'un fonge, après qu'on eft éveillé. Vous verrez avec un sentiment mêlé de depit, d'indignation & de honte, que tout ce que vous croyez tenir vous est échapé: Que votre cœur est vuide, & que le repentir est le seul bien qui vous reste. Vous frémirez au souvenir des joyes passées; la rencontre des personnes qui les auront partagées, vous sera importune. Devenu à charge à vous-même, vous vous reprocherez, cent fois le jour, vos foiblesses & vos folies. Peut-être que, donnant d'une extrémité dans une autre, vous vous ferez une habitude de la mélancolie, comme vous vous en faisiez une de la dissipation. Peut-être enfin, que vos réfléxions, au lieu de vous produire les fruits de la sagesse, n'aboutiront qu'à vous rendre impatient, grondeur, satirique & misantrope.

Prévenez, mon cher Fils, les mortifians retours qui menacent la

fin de votre vie, perſuadé que
vous aurez, vers le déclin de vos
jours, autant de chagrins à dévorer,
que vous aurez goûté de plaiſirs
dans leur Printems.

A la faveur de cette perſuaſion,
retranchez le plus que vous pourrez de vos plaiſirs même permis,
pour ne point augmenter le nombre de vos peines.

N'accordez rien qu'à la necéſ-
ſité; refuſez tout à la cupidité; les
Paſſions dont elle eſt la mere, ne
diſent jamais : c'eſt aſſez.

Faites, pour appaiſer ſon ardeur,
ce que vous imaginerez de plus
propre à la modérer. Sans cela, elle n'en deviendra que plus vive.
Les Paſſions vous tourmenteront
à meſure que vous les ſatisferez;
plus vous leur donnerez, plus leurs
demandes ſeront importunes;
vous les obligerez à ſe taire, ſi vous

vous obſtinez ſagement à ne les point écouter.

N'eſperez point que vous puiſſiez aiſément venir à bout de retenir vos paſſions, ſi une fois vous leur lachez la bride. La liberté qu'on leur donne les rend étrangement inſolentes; on ne les ramene point à ſon gré à la regle & au devoir, quand on leur a permis de s'échaper & de s'en écarter.

L'or germeroit ſous les pas d'un homme dominé par la paſſion des richeſſes, qu'il ſe plaindroit de n'en avoir point aſſez, & formeroit des vœux pour en obtenir davantage.

Prévenez, dès aujourd'huy, les inconvéniens dont je vous ai fait un long détail. Entrez de bonne heure dans les ſentiers de la Juſtice, afin que dans un âge plus avancé, vous ne ſoyiez point obligé de

changer de route, & de condam-
ner, au soir, les œuvres du matin.

Qu'il est beau de mener une vie uniforme, de marcher toujours d'un pas égal, & de ne rien faire en un tems, dont on doive se repentir dans un autre !

Le Sage observe si bien son cœur, en regle si bien les mouvemens, qu'il ne se porte plus vers les objets sensibles qu'avec modération, discrétion & réserve.

La prudente précaution de beaucoup refuser à ses desirs, les met au point de ne plus le tourmenter, & de ne rien exiger de lui qui ne soit necéssaire ou raisonnable.

Heureux ceux qui goûtent combien le Seigneur est doux ! qui pénétrés du feu de son amour, n'ont point de plus grand plaisir sur la terre, que de contempler ses divines perfections, & d'employer

tout

tout ce qu'ils ont reçû de graces,
de vertus, de talens à procurer fa
plus grande gloire.

Heureux font les yeux éclairés
par la Foi! Ils percent le voile fa-
cré de nos Mifteres, ils n'apper-
çoivent rien qui les féduife dans les
biens, les honneurs, & les plaifirs du Siecle; ils découvrent dans
les anéantiffemens du Sauveur,
des charmes qui les raviffent.

Heureux celui qui ne s'eft jamais
regardé dans le monde, que comme Voyageur ou Soldat; qui ne
s'eft jamais écarté du droit chemin, qui, jamais, n'a quitté les armes, ni fouffert que le fommeil le
furprît en préfence de l'Ennemi;
qui n'a combattu qu'au nom du
Seigneur, & qui lui a toujours at-
tribué la victoire!

Heureux le Solitaire qui, dans le
dépoüillement de toutes chofes, a
trouvé la liberté de l'efprit, & la

X

paix du cœur ; qui n'a point, ici-
bas, d'autre consolation que d'y
chanter le cantique de l'amour ;
qui voit l'amour écrit sur toutes les
créatures ; qui n'aime, ne pense,
ne dit, ne fait, & ne souffre rien
qui ne soit sanctifié par l'amour !

XXI. JOUR.

De la vertu de la Croix.

ATtendons nous, mon Fils, à paſſer de mauvais jours, peut-être à travers des douleurs aiguës, des beſoins les plus preſſans, & des privations les plus mortifiantes. N'allons point, alors, chez les créatures, mandier des conſolations & des ſecours, elles ſont incapables de nous en donner de ſolides; beaucoup de paroles, & peu d'effets; voilà ce que nous pouvons eſpérer d'elles.

Qui cherche parmi les hommes du ſoulagement, y rencontre ordinairement une indifférence, une dureté de cœur, une inattention, une impuiſſance qui redoublent le ſentiment de ſes peines.

X ij

Les Saints on été tentés, ils ont été affligés, ils ont souffert persécution pour la Justice. Ils ont mangé le pain avec la cendre, & bû l'eau mêlée avec celle de leurs larmes; cependant ils ont été dans la joie : leur cœur rempli d'une onction divine se dilatoit à proportion, pour ainsi dire, qu'il étoit serré par la douleur; une secrette douceur a toujours corrigé leurs plus grandes amertumes.

Où puisoient-ils leur consolation? dans sa véritable source. Ils alloient embrasser la Croix du Sauveur, persuadés que sa vertu leur feroit paroître legers les fardeaux dont les Tyrans, les Impies, les Envieux, les Faux-freres prenoient plaisir à les surcharger. Ils ne se répandoient point au-dehors quand la douleur les sollicitoit de chercher quelque adoucissement. Ils rentroient en eux-mêmes, ils s'enfermoient dans leur Oratoire : là, aux pieds d'un Crucifix, ils apprenoient le secret de vaincre les répugnances de la nature, de triompher du monde, & de se mettre au-dessus de ses injustices.

Saint Paul disoit : Il ne m'arrivera point de tirer avantage de rien, sinon de mes travaux, de mes infirmités & de mes disgraces : j'ai beaucoup souffert, je suis prêt à souffrir encore plus. C'est en la part que j'ai en la Croix de mon Dieu, par laquelle le monde m'est crucifié, & moi au monde, que je fais consister toute ma gloire.

Pour vous persuader, ô mon Fils, que la Croix du Sauveur est la source des graces & des consolations solides, considerez, je vous prie, ce que sa vertu divine opéra dans l'ame du bon Larron. Il dit : Seigneur, souvenez vous de moi quand vous serez dans votre Royaume. Quelle priere pour un homme qui n'avoit jamais prié !

Remarquez qu'il ne dit pas : fauvez-moi la vie, vous qui avez réffufcité les morts ; refermez mes playes, vous qui avez guéri tant de malades ; ordonnez que je defcende de la croix, faites tomber les clous qui m'y tiennent attaché, rendez-moi mes forces épuifées par la perte de mon fang, vous auquel les vents & les flots obéiffent ; il dit feulement : Souvenez vous de moi quand vous ferez dans votre Royaume.

Ne femble-t'il pas que préfent à l'interrogatoire que le Fils de Dieu fubit dans le Prétoire, il a retenu la réponfe qu'il fit à Pilate, lorfqu'il lui demanda : êtes vous Roi ? Vous l'avez dit, mais mon Royaume n'eft pas de ce monde.

Cette réponfe n'a fait qu'une

impreſſion légere ſur le Juge, elle en a fait une des plus vives ſur ce criminel : il ſe les rappelle, & voici ce qu'il en conclut.

Puiſque votre Royaume n'eſt pas de ce monde, je ne ſouhaite pas que vous m'y faſſiez aucune grace, le Suplice que j'endure eſt le fruit de mes crimes ; j'ai mérité la mort ignominieuſe à laquelle je ſuis condamné, je deſire ſeulement que vous vous ſouveniez de moi quand vous ſerez dans votre Royaume.

Quelle étonnante Métamorphoſe ! Les inclinations les plus baſſes ſe changent tout-à-coup en deſirs ſublimes ; un homme dont la paſſion dominante étoit, il n'y a guére, une infame avidité des biens de la terre, ne ſoupire plus que pour ceux du Ciel. Un homme de la lie du peuple, qui n'étoit occupé que du projet de percer une maison, ou de dépoüiller un voyageur, ne pense plus qu'à s'asfurer un rang diftingué dans le Palais de l'Eternel; il partage le Suplice de l'Homme-Dieu, il en conçoit l'efpérance de partager fa gloire; jamais il ne l'a fervi, cependant il lui demande la plus grande de toutes les graces.

Surquoi fondoit-il l'efpérance de l'obtenir? Ce n'étoit point fur fes mérites, il ne voyoit que fes crimes: il ne l'appuyoit donc que fur les mérites du fang qu'il voyoit couler.

Vous l'avez dit, Seigneur, je ne fuis pas venu pour les Juftes, mais pour les Pécheurs. Quelle confolation pour ceux qui ont eu le malheur de vous offenfer, quand ils voyent que vous faites à un fi grand pécheur la premiere application des mérites de votre fang, & que c'eft en fa faveur fur tout que votre parole s'accomplit.

Nous sommes pécheurs autant & plus que lui : terrible sujet de confusion qui n'exclut point les motifs d'espérance. Votre sang coule encore tous les jours sur les Autels, & plusieurs d'entre nous sont attachés à la Croix à côté de vous. Nos larmes mêlées avec votre Sang, font un reméde souverain pour les maladies de nos ames.

Si comme ce pécheur, nous croyons en vous, si nous nous reconnoissons coupables, si nous acceptons les maux de cette vie en esprit de pénitence ; si dédaignant comme lui les vaines consolations du siécle, nous ne vous prions que de vous souvenir de nous dans votre Royaume, vous nous ferez entendre intérieurement ces paroles : Je vous dis en vérité , vous ferez avec moi aujourd’hui dans le Paradis.

Siegneur ! fi vous le jugez à propos pour me corriger , m’humilier , me perfectionner , en me détachant de toutes les chofes périffables , laiffez-moi fans fecours, fans appui , fans confolation dans le monde. Armez contre moi toutes fes Puiffances. Permettez que les hommes , les démons , les maladies , & les autres adverfités m’attachent à la Croix , pourvû que je ne vous perde point de vûë expirant fur la vôtre, pourvû que vous faffiez rejaillir fur moi quelques goutes de votre Sang précieux , je fouffrirai volontiers ; encouragé par votre exemple , confolé par l’efpérance qui prend fa fource dans vos playes , je ne vous demanderai point à defcendre de la Croix.

Je crois ce qu'un (1) de vos Serviteurs a dit, que vous n'en étiez defcendu après votre mort, que pour nous la céder, & que celui qui refuferoit d'y monter pendant fa vie, n'auroit point de part à votre gloire.

Oubliez-moi dans le monde, parceque votre Royaume n'en eft pas. Je défavouë les mouvemens de mon cœur qui m'inclineront vers fes richeffes, fes honneurs, & fes plaifirs. Si comme le laron, j'ai méconnu la dignité de mon ame, jufqu'à la livrer à fes plus cruels ennemis pour un vil intérêts, pour une fumée d'honneur, pour une ombre de volupté ; comme lui, je commence à reconnoître le prix de cette ame. Elle ne vient de vous que pour retourner à vous.

Dans la crainte que quelque

____

(1) S. Bernard.

chose ici-bas ne l'en détourne, je ne vous demande rien, sinon, que vous vous souveniez de moi dans votre Royaume. Le gage que je vous prie de me donner de votre souvenir, ne consiste point en douceurs, en prospérités, en conconsolations sensibles. Je reconnoîtrai que vous daignez penser à moi, à mesure que la douleur que mes péchés me causeront sera plus amére, la dureté du monde plus grande envers moi, & mon indifférence plus constante envers lui : à mesure qu'extérieument j'aurai plus d'occasions d'exercer la patience, & qu'intérieument je joüirai mieux du silence des passions, & de la paix de la conscience.

Ce n'est point sur la terre que je veux recevoir la récompense de l'amour que j'ai pour vous; votre Royaume n'est pas de ce monde.

Si je ne souffrois rien dans la vallée des larmes , pourrois-je me
flatter de goûter les délices & le
repos de la sainte Montagne ? Si
j'étois écrit sur l'état des heureux
du Siécle, j'aurois lieu de craindre de me voir rayé du livre de
vie.

Que ma condition soit telle ,
qu'un pécheur mérite de l'avoir
ici-bas, pour satisfaire à votre justice , pourvu que dans votre
Royaume vous la rendiez telle ,
qu'un pénitent ose l'espérer de
votre infinie miséricorde.

XXII. JOUR.

De l'Employ du tems, de la Penſée de la mort, & du mépris des vanités du monde.

QU'IL eſt triſte de voir un torrent emporter avec une furieuſe rapidité, tout ce qui ſe trouve ſur ſon paſſage ! Il eſt cependant quelque choſe de plus triſte encore, & qu'on regarde avec trop d'indifference. Je parle, mon Fils, de l'écoulement rapide du tems, qui nous emporte, nous & nos œuvres dans le vaſte abyſme de l'Eternité.

Un jour ſuccéde à un autre jour, ſans que nous y faſſions preſque attention. Cette ſucceſſion forme les mois, les mois compoſent les années ; & tout juſqu'à la diſſipation, & aux vains

amusemens nous méne insensi-
blement à la mort.

Si vos héritages étoient ména-
cés d'une prochaine inondation,
vous prendriez, sans doute, des
précautions pour vous épargner
ce malheur ; vous mettriez la
main à l'œuvre, ou pour détourner, s'il se pouvoit, le cours des
eaux, ou vous construiriez des
digues, pour en arrêter la furie.

Vous êtes ménacé d'un acci-
dent plus terrible. Le tems vous
gagne, il vous ruine, il vous ra-
vage, il vous détruit, il s'écoule
en vous détruisant ; & si vous n'y
prenez garde, quand une fois il
sera écoulé, rien ne vous restera
de lui qu'une triste image des désordres que sa course rapide aura
causés. Je ne peux, me direz-
vous, ni détourner le cours du
tems, ni ralentir sa rapidité. Vous
vous trompez, mon Fils ; fuyez

les occupations tumultueuses ; le tems alors, comme un fleuve pacifique, vous portera, & il ne vous emportera plus comme torrent furieux.

Occupez-vous inceſſamment de quelque choſe qui puiſſe contribuer, ſoit à votre propre utilité, ſoit à celle de vos freres. Sur-tout priez ſouvent ; & mille fois par jour, s'il eſt poſſible, élevez votre cœur à Dieu. Ainſi vous joüirez de la vie, dont on ceſſe de joüir, dès-là qu'on s'éloigne du principe de la vie.

Ayez en horreur ces paroles, qui ne ſortent que trop ſouvent de la bouche des hommes ; je ne ſçai que faire, je cherche à tuer le tems, je voudrois bien trouver un paſſe-tems agréable.

Inſenſé ! vous ne ſçavez que faire ! Vous n'avez donc ni paſſions à régler, ni mauvaiſes inclinations

clinations à redreſſer , ni vices à déraciner ? Vous n'avez donc plus ni de Dieu à ſervir , ni de devoirs à remplir ? C'eſt donc en vain que le Ciel vous a donné des talens , de la ſanté , & tant d'occaſions d'éxercer votre eſprit & votre corps ? Puiſque vous ne ſçavez que faire, il n'y a donc plus ni de champs à cultiver , ni de livres à lire, ni d'indigens à ſoulager , ni d'ignorans à inſtruire ? A l'ouvrage , à l'ouvrage , mauvais ſerviteur ! Le reſte du jour ſuffit à peine pour remplir comme il faut l'étenduë d'un ſeul devoir. La nuit s'avance , prenez garde qu'elle ne vous ſurprenne , & que vous ne ſoyiez condamné, moins pour avoir mal fait , que pour n'avoir ſçu rien faire.

Vous cherchez à tuer le tems! ne ſçavez vous donc pas qu'il ne dépend point de vous ; qu'il eſt

rapide, qu'il eſt ſubtil, & que c'eſt
à l'inſtant même que vous croyez
le tenir, qu'il vous échappe ſans
retour ? Malheureux ! le tems lui-
même vous tuera ; quoi que vous
faſſiez, vous tomberez ſous ſes
coups. En le reſpectant, le ména-
geant, & ne l'employant qu'à de
de ſaints uſages, obtenez au moins
de lui qu'il ne vous livre point à
la mort éternelle.

Cherchez toujours des occupations & non des paſſe-tems.
Mais obſervez, mon Fils, qu'il
ne s'agit pas préciſément d'être
occupé. Pluſieurs de ceux qui
ſont en grande conſidération dans
le monde, le ſont beaucoup. Cependant, au dernier jour, ils ne ſeront pas moins condamnés & pu-
nis, que le ſerviteur pareſſeux. A
quoi ſerviront à mille courtiſans,
tant d'aſſiduités gênantes, tant de
voyages ruineux, tant de courſes

fatigantes, tant d'intrigues labo-
rieuses, tant de négociations épi-
neuses, qui les tiennent toute leur
vie en haleine? A quoi serviront,
à mille gens d'affaires, les détails
immenses, les recherches, les dis-
cussions, les arrangemens, qui
souvent leur permettent à peine
d'accorder quelques heures au repos? A quoi serviront, à tant de
sçavans, les veilles, la contention
d'esprit, les contradictions, les
dégouts qui accompagnent leur
étude, & l'épuisement dont elle
est presque toujours suivie? faut-il
le dire? à rien. Les travaux des
uns & des autres resteront sans
récompense; la plûpart de leurs
œuvres, que le monde admire, seront rejettées comme œuvres cor-
rompuës, ou au moins comme
inutiles, n'ayant point été assai-
sonnées de ce sel qui peut les conserver pour le Ciel; n'ayant point

été accompagnées de la droite intention, animées du deſir de plaire à Dieu, & ſoutenuës par des vûës ſurnaturelles. Avoir pour objet dans tout ce qu'on entreprend ſon intérêt, ſon élevation, ſa réputation, ſon plaiſir; tout oſer, tout ſouffrir, tout digérer juſqu'aux peines les plus dures, & les plus rebutantes, c'eſt en apparence être fort occupé; mais c'eſt en effet pour pluſieurs, un état pire que l'inaction.

Prenez donc garde, mon cher Fils, à ne point battre l'air, à ne point courir en vain, à ne point vous épuiſer, en creuſant dans le ſable les fondemens de l'édifice que vous voulez élever.

Les actions les plus brillantes ne ſont pas les plus ſolides; ne travaillez jamais que pour la gloire de Dieu; il met à ſi haut prix les moindres choſes que nous fai-

fons en fon nom, que les éxerci-
ces de pieté, de mortification, de
charité, de retraite qui ne nous
font comptés pour rien en ce
monde, font recompenfés d'un
poids immenfe de gloire en l'autre.

Que le defir de plaire au Roi
des Rois, foit donc l'ame de toutes
vos entreprifes; ne fouhaitez point
ici-bas d'autre récompenfe, que
l'honneur d'avoir fouffert ou travaillé pour fon amour; vos travaux feroient infructueux, fi vous
vous propofiez quelqu'autre fin,
que de trouver grace devant la
Majefté divine.

Quand le monde entier vous
combleroit d'éloges, vous devriez
rougir de honte & mourir de
douleur, fi vous aviez le malheur
de déplaire à votre Dieu.

La plûpart des enfans des hommes ne connoiffent point cette
vérité; On peut bien dire d'eux

qu'ils battent l'air , & qu'ils courent au hazard , puifqu'ils ne tendent point au terme que toute créature raifonnable devroit fe propofer.

Les contradictions que Dieu leur fufcite font moins des traits de fa rigueur , que des gages de fa bonté ; il veut leur faire fentir qu'ils s'égarent , redreffer leurs voyes , & les obliger de revenir à lui.

Quand même Dieu permet que tout leur reüffiffe , il ne les laiffe point fans agitations & fans troubles , pour les convaincre qu'il s'éloignent de leur centre , & les preffer de s'en rapprocher.

O, mon Fils ! que la joye des heureux du fiécle eft différente de celle, qui ne peut être goutée que par ceux qui marchent dans les fentiers de la juftice, dans la fimplicité de la paix !

Vous avez peu de tems à vivre, ne songez qu'à bien remplir le court espace qui vous reste , à compter du jour où je vous parle, jusqu'à celui qui sera le dernier de vos jours.

Qu'importe que vous le remplissiez par des actions d'éclat, ou par des œuvres obscures , pourveu qu'à l'heure de la mort , vous puissiez dire, sans craindre d'être confondu : mon Dieu ! j'ai tenu la route que vous m'avez prescrite, & mon plus grand plaisir a été d'accomplir votre volonté.

Ne soyez point avide de l'approbation des hommes , ils ne sont guéres partisans de la vertu ; ne vous prévalez point de leurs louanges. Que n'ont-ils pas loué ! Les plus grands scelerats ont obtenu d'eux , non-seulement des apologies , mais même des panégyriques. Aujourd'hui vous êtes ; demain vous ne ferez plus. Profitez donc du préfent, pour vous affurer le feul avenir certain: il n'eft point du tems , mais de l'éternité.

Si vous vous voyez fans protection, fans crédit, fans honneur, ne vous attriftez point : en cela votre fort ne différe point de celui des amis de Dieu ; ils ont paffé des ténébres à la lumiére , & les impies du faîte élatant de la gloire mondaine, ont été précipités dans les ténébres extérieures, où font les pleurs & les grincemens de dents.

Lazare languit quelque tems à la porte d'un riche voluptueux & impitoyable ; il expire, & les Anges le tranfportent dans le fein d'Abraham. L'homme de bonne chere devient à fon tour la proye de la mort, que devient-il après ? Il eft enfeveli dans l'enfer.

Il vous importe beaucoup, mon cher Fils, de faire attention à votre dernier jour, & de prévoir l'inſtant terrible, où le tems finit, & l'éternité commence.

Ne vous paſſionnez point pour les biens de la terre, où vous n'avez, pour ainſi dire, plus qu'une heure à demeurer. Soyez toujours prêt à rendre votre ame au Seigneur, parce que vous ne ſçavez point ſi lui-même n'eſt pas prêt à vous la redemander.

Tenez-la toujours élevée, afin qu'elle ne s'attache point aux objets périſſables, & qu'elle ne s'aviliſſe point en aimant, contre l'ordre, les créatures, pour leſquelles elle n'eſt point faite.

Regardez tout ce qui eſt, comme devant bientôt ne plus être pour vous. Abandonnez le monde, ô mon Fils ! avant que le monde vous abandonne. Renoncez par un détachement intérieur à ce qu'il peut vous offrir d'honneurs & de plaifirs , avant que la mort vous en détache avec violence.

Ne devez-vous pas être perfuadé que tout paffe ici-bas, que rien n'y eft vrayment bon & folide ; que tout ce que nous y recherchons avec le plus vif empreffement , nous laiffe plus vuides, même après la joüiffance , que nous ne l'étions avant de l'avoir défiré.

Je vous ai découvert bien des illufions , n'agiffez donc pas déformais comme fi vous n'aviez pas de connoiffance. N'allez point vous attacher aux objets, dont je vous ai fait fentir le néant.

Vous n'avez pû vous empêcher d'eftimer heureux les grands du fiécle , leur fafte vous a quelquefois éblouï , vous avez avidement recherché leur faveur. Hé bien, ne vous ai je pas introduit dans leurs superbes appartemens, ne vous ai je pas fait asseoir à leur table, n'avez-vous pas entendu leurs entretiens, n'avez-vous pas été temoin de leurs occupations & de leurs amusemens ? Toutes ces choses que vous regardiez comme de grands avantages, que vous ont-elles produit ? Du dégoût & de l'indignation.

N'ai-je pas vû votre cœur en proye aux inquiétudes & aux craintes dans ces lieux même, dont la riante magnificence ne vous promettoit que du plaisir.

Dans le tems que vous goûtiez les mets les plus exquis, ce cœur n'a-t'il pas été détrempé dans le fiel de mille pensées chagrinantes ? Bien loin que les discours de ces hommes, dont le monde est idolâtre, vous ayent procuré quelque repos & quelque consolation, ils n'ont pas moins fervi à déranger votre imagination, qu'à aigrir vos peines.

Mon Fils, tous les enfans d'Adam font nés foibles, pauvres, & qui pis eft, pòrtés au mal; que peuvent-ils donc faire en faveur les uns des autres ? Helas ! moins que rien, fi ce n'eft que vous comptiez pour quelque chofe l'art qu'ils ont de fe flatter, de fe tromper, de fe tourner en ridicules, de fe choquer, & de s'entredétruire. Que les petits n'attendent rien des grands que des airs de hauteurs, ou des careffes frivoles, accompagnées de promeffes fouvent plus infruc-tueufes que ces herbes que les flots de la mer pouffent fur fon ri-vage. Les graces que les grands accordent font toujours interef-fées, & d'autant plus à charge, qu'elles privent ordinairement ceux qui les reçoivent des plus grands biens de la vie, du repos & de la liberté.

Que les grands ne comptent point non plus fur les fervices des petits, qui ne les regardent qu'a-vec des yeux jaloux, & qui trou-vent dans l'ufage qu'ils font de leurs richeffes & de leur crédit, bien plus de fujets de les haïr que de les aimer.

Mettez toute votre confiance, toute votre efpérance, tout votre amour en celui qui ne vous man-quera pas, lorfque vous ferez dans un abandon univerfel.

Le Seigneur élevé au plus-haut des Cieux, regarde avec com-plaifance ceux qu'il voit humiliés fur la terre.

Dépofez tous vos chagrins dans le fein de ce tendre Pere : lui feul peut tarir la fource de vos larmes, & vous introduire dans cette heu-reufe région, d'où la douleur, l'inquiétude , & la tristesse seront éternellement bannies.

Accoutumez votre ame à porter ses regards au-delà des objets sensibles, qui ne servent qu'à lui rendre la vûë courte; ne vous laissez point charmer par ces différentes beautés dont le vulgaire est épris. Ce qui flatte le plus les sens, est ce qu'il y a de plus contraire aux délices de l'esprit.

Ne souhaitez pas avec passion de beaucoup voir, ni de beaucoup entendre de ce qu'on appelle communément de belles choses. Regardez attentivement le Ciel & la terre. Si vous considerez en Philosophe chrétien , ce que la main du Créateur y a mis d'agréable , de surprenant , de merveilleux , ce spectacle vous dédommagera des pompes mondaines , & de tous les monumens des actes qui excitent votre curiofité , qui ne font point à votre portée , & dont la recherche ne feroit que vous fatiguer à pure perte.

Que votre efprit foit dans le Ciel, & votre cœur fera en repos fur la terre.Ne vous plaignez point de votre fituation , telle qu'elle foit , elle ne peut-être qu'avantageufe, fi vous en fçavez faire un ufage chrétien. En quelque état que vous foyiez , en quelque lieu que vous vous trouviez , vous pouvez aimer & fervir le Seigneur. L'homme qui connoît la fin pour laquelle il eft créé , ne peut joüir d'un plus grand bien, tant qu'il eft voyageur dans le defert de ce monde.

Z iiij

XXIII. JOUR.

Des Erreurs, & des Préjugés du monde.

MON Fils, nous vivons dans un siécle, dont l'esprit est diamétralement opposé à l'Esprit du Seigneur. Le Seigneur recommande la simplicité, la modération, le désinteressement ; notre siécle convient à peine que ces vertus Evangéliques soient des qualités estimables. Est-il forcé d'en convenir? Il ne manque pas d'insinuer qu'elles sont au moins assez inutiles à l'avancement d'un honnête homme. Ceux qui méritent la considération des faux Sages du siécle, sont ceux qui sçavent changer d'esprit & de cœur, au gré du flux & du reflux des événemens, qui sçavent cacher leurs paſſions, déguiſer leurs ſentimens, ſauver les apparences. Ce ſont les gens d'intrigues, les ambitieux, les flateurs, & tous ceux, qui lorſqu'il s'agit de s'élever, ne feignent point de renverſer & de fouler aux pieds les Loix divines & humaines.

Cette téméraire, cette ſacrilege audace ne les rendra pas plus odieux, pourvû qu'elles les conduiſe à ce point, que l'on appelle fortune.

Le jugement que l'inſenſé porte de l'homme de chair, de ſang & de rapine, eſt toujours favorable, dès-qu'il le croit en état de l'aider de ſon crédit & de ſes richeſſes.

Prions Dieu que le poids des inſenſés ne faſſe jamais pencher notre balance en faveur de l'injuſtice; préſervons-nous de la contagion des mauvais exemples ; ne nous laiffons pas féduire pas les difcours étudiés de l'erreur.

Les fauffes vertus font du goût de notre fiécle ; mais puifque ce n'eft point à lui que nous voulons plaire , rendons - nous attentifs à découvrir , empreffés à faifir, fidéles à foutenir le caractére des véritables vertus.

Conformons nos penfées, nos Paroles, nos actions aux maximes contenuës dans les livres faints; que la vérité qu'ils renferment , nous ferve toujours de bouclier contre les traits de l'erreur , qui régne aujourd'hui dans le monde.

Les hommes livrés à cette impérieufe maîtreffe, ont des vûës fi bornées , qu'elles ne s'étendent point au-delà de l'efpace où font renfermées les chofes fenfibles. Ils ne conçoivent rien au-delà du tems. Ce qui paffe, ce qui change, ce qui périt à tout moment , oc-cupe tellement leurs penſées , qu'à peine peuvent-ils les fixer un inſtant ſur les vérités éternelles. Voici l'abregé de la Morale des enfans du ſiécle. *Attachez-vous au ſolide , élevez-vous , diſtin-guez - vous , avancez toujours , ne vous arrêtez jamais en beau che-min.*

Qu'entendent-ils par *le ſolide ?* Les richeſſes. Que ſignifient ces paroles, *élevez-vous ?* Que l'ambi-tion doit-être le premier mobile de nos projets. *Diſtinguez - vous , avancez toujours, ne reſtez jamais en beau chemin,* expriment, qu'à quel prix que ce ſoit , il faut faire for-tune , acquerir du crédit , devan-cer ſes compétiteurs , ſe rendre néceſſaire, quelquefois même re-doutable, & ne jamais laiſſer écha-per la moindre occaſion d'éten-dre ſa réputation ou ſon domaine.

Difciple de la vérité , je vous
tiens, mon Fils, un tout autre langage. Je vous répéte fans ceffe: Humiliez-vous , cherchez le dernier
rang , aimez à demeurer incon-
nu, faites plutôt la volonté de vos
freres que la vôtre; contentez-vous
du fimple néceffaire. Hors l'amour
& le fervice de Dieu , rien n'eft
folide , tout eft vanité , tout eft
affliction de l'efprit.

Comment fe peut-il faire que
le monde , étant, comme il eft,
rempli de tant de miféres & de
contradictions, il fe trouve néan-
moins tant de perfonnes qui s'y
livrent & qui ne connoiffent point
de bonheur que celui de lui être
attachés ? Comment fe peut-il
faire que l'empire des paffions ,
étant fi tyrannique , que pour un
qui cherche à fecouer leur joug,
il y en ait mille qui le portent
jufqu'à la mort ?

Il est vrai , qu'ils se plaignent quelquefois de ce qu'ils ont à souffrir sous une domination si dure ; mais leurs plaintes ne sont suivies d'aucun effort pour s'en affranchir. Enfin, telle est la fascination du monde ; ses esclaves aiment mieux succomber & périr sous les fardeaux dont il les surcharge , que d'accomplir la Loi du Seigneur, dont le joug est doux , & le poids leger.

Un mondain me dit : Que je suis malheureux ! On me trompe, on me trahit , on me supplante ; mes entreprises sont sans succès , mes amitiés sans retour , mes services sans récompense. Après ce que j'ai fait pour me ménager des amis, & m'assurer des protecteurs, je ne trouve que des fourbes, des perfides , des ingrats. Je me suis fatigué jusqu'à l'épuisement , en faveur d'un homme qui refuse de faire un pas pour moi. Un autre m'abandonne au befoin , il me fuit dès qu'il m'apperçoit , on diroit que ma feule préfence lui reproche une efpéce de néant dont mes bons offices le tirerent autrefois. Que deviendrai-je ? Où trouverai-je le bonheur qui m'échape, malgré toutes les précautions, les foins , les attentions que je mets en œuvre pour le fixer ?

Je répons à cette homme ; détachez-vous du monde , & des objets de vos paffions , donnez votre cœur à Dieu , & je vous affure que vous joüirez d'un bonheur fi parfait, que vous ne vous plaindrez plus de rien , fi ce n'eft de n'avoir pas affez-tôt compris , combien il eft avantageux de fervir un tel Maître.

Ce que je dis ne fait aucune impreffion. Le mondain hauffe les épaules & fourit, en difant : Quels

propos me tenez-vous ? Préten-
dez-vous, qu'en me rendant dé-
vot, je devienne le jouet du monde, & que je me détermine à mener la vie fade & languiffante de
tant de gens, qui ne font bons à
rien ?

Voilà, mon cher Fils, ce que
le monde penfe des ferviteurs de
Dieu, parce qu'il ignore & le prix
de ce qu'ils font pour lui, & la
bonté paternelle avec laquelle il
les reçoit, quand ils fe jettent entre fes bras.

LE DISCIPLE.

Mon Pere, cette bonté me paroît fi grande, que je ne défire
rien tant que de trouver des expreffions qui répondent à la vivacité des fentimens qu'elle m'infpire.

Les plus beaux jours que le commerce du monde m'a donné, ne peuvent entrer en comparaiſon avec ceux que j'ai paſſé depuis que je l'ai quitté, pour venir vous chercher dans cette ſolitude.

Quand je penſe à ce que j'appellois autrefois mes plaiſirs, & que je les mets en parallelle avec la douceur & la paix que vos leçons me font goûter aujourd'hui, je ne puis comprendre comment j'étois aſſez aveugle, pour donner mon affection à des choſes que je reconnois dignes d'un ſouverain mépris. Autrefois mes plaiſirs étoient accompagnés de craintes & ſuivis de regrets, aujourd'hui mes peines ſont délicieuſes. Ce qui fit autrefois l'objet de mon averſion, eſt aujourd'hui l'objet de mes empreſſemens. Alors, je n'étois pas plutôt ſeul, que je devenois

venois la proye de l'ennui ; à préfent, je n'ai point de fatisfaction plus grande, que lorfque, feparé de toute les créatures, & pour ainfi dire, de moi-même, j'offre au Créateur avec une entiere liberté, le facrifice des penfées de mon efprit, & des defirs de mon cœur.

J'ai fouvent fouhaïté de rendre quelqu'important fervice, à ceux de mes amis que je confidére d'une façon particuliere. N'aurois-je pas lieu, mon Pere, de me flater que je les aurois rendus heureux, fi je leur donnois une idée des charmes de la vie intérieure, & fi cette idée, après avoir détruit l'enchantement du monde, les engageoit à chercher, dans la retraite, les biens que vous m'y avez découverts ?

XXIV. JOUR.

Suite du sujet précédent.

VENGEZ-vous, mon Fils, des torts que le monde vous fait ; réparez la perte du tems que vous lui avez prodigué, démasquez le monde. Dieu n'a permis que vous en vissiez de si près les pompes & les œuvres, que pour vous en mieux faire sentir l'illusion & le néant. Ne vous contentez pas de l'avoir quitté, faites des efforts pour lui enlever quelqu'une de ses conquêtes. Inspirez, s'il se peut, à ceux qui l'aiment le plus passionément, le même mépris que vous avez conçu pour lui.

Plusieurs, animés d'un zéle qui n'est point selon la science, entreprennent de faire connoître le monde qu'ils ne connoiſſent point au vrai.

Auſſi le monde lui-même ſe prévalant de ce que cette peinture a de foible ou d'éxageré, ne manque pas de la tourner en ridicule, & de faire paſſer pour des impoſteurs, ceux qui font de lui des portraits ſi peu reſſemblans à ſon gré.

Prenez garde, mon Fils, en combattant le monde, à ne point lui donner priſe ſur vous. Ne lui portez point de coups qui ne l'entament, ceux qui portent à faux, retombent ſur celui qui les lui donne. Obſervez bien le défaut de ſes armes. Pluſieurs l'attaquent du côté de ſes vices, qui ne font que trop manifeſtes; mais, il me ſemble qu'ils feroient mieux de frapper du côté de ſes vertus: toutes ſont vaines, fauſſes & ſtériles. Qui peut mettre en piéces le bouclier du faux honneur & de la fauſſe pudeur dont il ſe couvre, eſt toujours aſſuré de remporter l'avantage du combat.

Il eſt une eſpéce de vertu que le monde affecte, laquelle n'eſt à proprement parler que l'ombre & la ſuperficie de la vertu véritable. Avec ce frivole ornement on réüſſit à ſe faire conſidérer de la multitude, mais on n'en tire aucun avantage, ni pour parvenir à la gloire ſolide, ni pour s'aſſurer un parfait repos.

Il eſt mille moyens pour pallier nos défauts; il n'en eſt qu'un pour en arracher la racine. La politique du monde ſert à couvrir nos folies, la ſeule prudence chrétienne nous rend vrayment ſages.

Sans cette prudence, tout dégénére, tout s'écarte inſenſiblement du but, juſqu'à nos vertus mêmes : elle est le Sel qui les préserve de la corruption , elle est l'ame même de la sagesse.

La prudence dont je parle ne se contente pas de prévoir les maux, elle cherche, ou les moyens de les prévenir , ou de leur appliquer des remédes convenables. La Politique mondaine se contente de connoître le mal , & de le déguiser, sans se mettre en peine de le guérir.

Tant que nous vivons , nous ne devons pas être un seul moment, sans crainte , & sans attention , parce qu'incessamment nous sommes exposés au plus fâcheux revers. Une maladie inopinée ruine le plus fort tempérament ; une tentation legére est souvent l'écüeil, contre lequel se brise la vertu la plus solide.

Trop de travail méne à l'oisiveté , trop de retraite jette dans la diffipation. Bien des gens pour avoir trop penſé, ne penſent plus. D'autres vivent à l'avanture, & même d'une maniere dereglée, pour avoir été trop rigides obſervateurs de certaines régles qui n'étoient point faites pour eux.

Il ne faut être ni lâche, ni pareſſeux, mais il ne faut rien outrer. Mon cher Fils, tenez-vous toujours renfermé dans les bornes de la moderation chrétienne ; la recherche de la vérité, le deſir de la felicité doivent en porter le caractere.

Les regards trop curieux déplaiſent à la verité, les empreſſemens indiſcrets l'offenſent ; il n'y a que l'œil ſimple qui la découvre, & le cœur pur qui la ſente.

J'ai vû des hommes occuper les premiers rangs dans le Monde ; tout y ſembloit fait pour eux. Mille créatures attentives & ſoumifes étoient en action au moindre figne de leur volonté. La nature & l'art concouroient à l'envi pour augmenter leurs plaifirs ; rien ne leur manquoit en apparence, & tout leur manquoit en effet. Je les entendois foupirer, il leur échapoit des plaintes , & même des plaintes ameres. L'affluence des richeffes & des honneurs ne les empêchoit point d'être malheureux. Privés du fentiment délicieux de la vérité, leur cœur ne trouvoit point de repos ; ils s'efforçoient, mais en vain, de remplir le vuide qu'y laiffoit fon abfence. Oh ! la déplorable condition que celle des hommes qui ne cherchent leur confolation que dans les créatures , & qui s'imaginent qu'en contentant toutes leurs paffions, ils combleront l'abîme de leurs defirs !

Pour donner une jufte idée de

l'inutilité de leur travail : l'E-
crivain Sacré dit, (1) *qu'ils se
font creusé des citernes crevées, elles
ne peuvent retenir l'Eau qui s'écoule
& se perd.* Tels que soient, en effet,
les torrens de plaisir que le monde
semble quelquefois décharger
dans le cœur de ceux qui l'aiment,
ce cœur demeure à sec. Que reste-
t'il au fond ? Souvent un sale bour-
bier qui l'infecte au lieu de le remplir.

Le cœur dans lequel la vérité
s'insinuë, joüit d'un fort bien différent : une heureuse fécondité en
est le partage, on n'y trouve point
de sécheresse , il s'y forme insen-
siblement un grand fleuve qui
porte dans toutes ses parties l'a-
bondance & la paix ; la grace y
opere sans bruit , bien differente
des passions qui n'agissent qu'avec
précipitation & tumulte. Plus les

____
(1) Jeremie. 2. 13.

Eaux

Eaux tranquilles de la Grace croiſſent, plus elles multiplient les vertus ; au contraire le Torrent des paſſions ne groſſit jamais, qu'il ne les renverſe, ne les détruiſe, & n'en emporte ſouvent les racines.

Plus je réfléchis ſur la conduite des hommes attachés au monde, plus je m'apperçois combien ils ſe trompent dans le choix des objets auſquels leur cœur ſe livre. Ils prétendent mener une vie heureuſe, & pour y réuſſir, ils ne refuſent rien à leurs Paſſions. Eſt-ce donc le moyen de parvenir à la félicité ? non ſans doute. Ils s'aſſurent l'eſclavage à force de vouloir ſe rendre libres ; en ſecouant le joug du Seigneur, ils ſe chargent d'un fardeau inſuportable.

O bonheur, ô bonheur ! c'eſt le cri de tous les hommes, tous veulent être heureux, mais ſi tous ont le même terme, chacun d'eux tient une route differente pour y parvenir. L'un prend celle du plaiſir, l'autre celle de la peine ; tous deux préferent leur choix , & ſe moquent réciproquement l'un de l'autre.

Tel qui tend au bonheur par un ſentier pénible , m'avertit de ne point ſuivre celui qui le cherche en ne s'écartant point de la route des plaiſirs. Gardez-vous, me dit-il , de marcher ſur les pas de cet homme, il vous égareroit, parce qu'il eſt aveuglé par l'ouplence & & par la volupté. Pour moi je n'ai pris ce ſentier épineux qu'à la ſollicitation & ſous la direction de la gloire. Mon but eſt de me faire un nom. La poſtérité ſe ſouviendra de moi , les mouvemens que je lui conſacre , paſſeront juſqu'à elle ; & les éloges qu'elle leur donnera, me dédommageront des veilles,

des fatigues, de l'épuisement qu'ils
me coutent. J'espere qu'un jour la
renommée rendra compte à diffé-
rens Peuples de ce que j'entre-
prens pour me distinguer; peut-être
que les gens d'esprit imiteront
mon stile, que les Héros envie-
ront mes sentimens, qu'enfin, tous
ceux qui sentent le prix de l'honneur me prendront pour modele.
La Mémoire de ce voluptueux
périra.

Dans le tems que j'écoute le
plus attentivement ce discours
que me tient un homme pâle,
maigre, assez mal vêtu, qui passe
à ma droite, je me sens tiré à gau-
che par un autre homme plein de
suc & d'embonpoint, couvert de
fin lin & de pourpre. Je vous prie,
me dit-il, n'écoutez point ce vi-
sionnaire, il ne sçait ni ce qu'il dit,
ni ce qu'il veut, ni où il va. Je
répons: il veut être heureux; pou-

vez-vous lui faire un crime de ce qu'il prend le chemin qui convient le mieux à l'idée qu'il s'est formée du bonheur ? Bon ! réplique le gros homme : il vous vend des paroles vuides de sens, je n'ai moi qu'un mot à vous dire, mais ce mot est substanciel ; soyez riche, & vous serez heureux.

Je vous entends : Mais le génie, les talens, la science, l'intelligence, la sagesse ne valent-elles pas mieux que les trésors ? Non répondit-il, ne comptez pour rien le génie, les talens, l'intelligence qui ne menent point aux richesses. La science n'apaise point la faim, & la sagesse ne remédie point à l'indigence. Je conviendrai, si vous le voulez, que ces choses sont bonnes, mais les richesses sont meilleures ; avec elles, on est tout ce que l'on veut être ; sans elles, on ne paroît pas même ce que l'on

eft en effet. L'affluence des biens
diftingue folidement , la fcience
procure à peine quelque fumée
d'honneur à celui qui la poffede.
Le financier s'éleve de la pouffiere;
le Philofophe y demeure enfeveli;
la table de l'un , vaut infinimentt
mieux que la Bibliotheque de l'autre. Quiconque a l'occafion de
s'enrichir , & la néglige , mérite
d'être taxé de folie : toutes peines
qui ne tendent point là , font peines perduës ; il n'eft donc de vrai
fage que celui qui fçait faire fortune. Je demande : Qu'eft-ce que
faire fortune ? & j'apprens que c'eft
fe mettre en état de parvenir aux
premiers poftes, d'être revêtu des
dignités les plus faftueufes, d'exercer les emplois les plus importans,
d'avoir la prééminence fur tous
ceux qui n'ont point fait cette mi-
raculeufe fortune, à la faveur de
laquelle on ne défire plus rien en

vain, à la faveur de laquelle on
peut acquérir des amis, perdre ses
ennemis, se procurer tous les plaisirs, écarter tous les chagrins de
la vie.

LE DISCIPLE.

Toute cette doctrine me paroît
pitoyable, ce seroit lui faire trop
d'honneur que d'employer contre
elle des raisonnemens tirés de l'E-
vangile, & un seul trait tiré d'un
ancien Poëte, me semble suffi-
sant pour la réfuter.

N'appellez point, dit-il, heureux
l'homme qui possede de grands biens ;
celui-là mérite ce nom à plus juste
titre qui use sagement de ce que la
Providence a bien voulu lui accorder,
qui souffre patiemment la pauvreté
la plus dure, & qui craint plus de
commettre un crime, que de mou-

rir. Ce vertueux mortel est toujours prêt de donner sa vie pour ses amis, ou pour sa Patrie.

Quelle idée du bonheur, & quel langage dans la bouche même d'un Payen ! Seroit-il possible, mon Pere, qu'avec les secours que la Foy prête à ma raison, je m'en formasse une moins sublime ? Je sçaurai desormais à quoi m'en tenir ; je ne demanderai plus aux hommes ce qui peut rendre heureux, moi-même après un saint Roi, je veux leur apprendre à le devenir. Qu'ils sçachent donc, (1) *qu'il n'est de vrai bonheur que pour celui qui craint le Seigneur, & qui se porte avec un saint empressement à l'accomplissement de sa Loy. La postérité de cet homme sera puissante sur la terre, ses descendans seront comblés*

(1) Pf. iii.

Bb iiij

de bénédictions, la gloire & les richeſſes ſe trouveront dans ſa maiſon,
& ſa juſtice ſubſiſtera dans tous les
ſiécles.

XXV. JOUR.

Suite du Sujet précédent.

ATTENDEZ-vous, mon Fils, lorfque vous parlerez de cette forte à être contredit par quelqu'un qui vous réprefentera que vous donnez dans le beau idéal, mais que vous allez contre les faits. Pour vous en convaincre, il vous dira, j'ai connu gens qui avoient cette crainte du Seigneur, & ce zéle tant vanté pour l'accompliffement de fa Loi ; tant s'en faut que leur poftérité foit floriffante, elle traîne une vie languiffante, au milieu des ténébres, & de l'incommodité de l'indigeance. Je n'ai rien trouvé dans ces maifons, où vous fuppofez la gloire & l'abondance, que quelques traces de ces vertus antiques & décréditées, avec les déplorables restes de la plus mince des fortunes. Donnez toute l'étenduë & toute la durée que vous voudrez à la justice de votre homme heureux, mais ne lui accordez pas si libéralement des trésors, que, ni lui, ni ses descendans, ne possederent jamais.

LE DISCIPLE.

Voici, mon Pere, ce que je répons à l'objection que vous me supposez faite par un mondain. Mon frere, jusqu'à quand serez-vous aveuglé? Jusqu'à quand ignorerez-vous la nature des vrais biens? Qui peut disconvenir que le Juste manque quelquefois de ceux de la fortune? Mais tant que sa justice subsiste, il a des droits acquis au souverain bien. Souvent

il paſſe ſa vie dans l'obſcurité la
plus humiliante, abandonné, mépriſé, perſécuté : mais dans cette
obſcurité même, luit la lumiére
de l'Eternel. Le Seigneur, juſte
compatiſſant, & miſéricordieux,
le dédommage par des dons inéfables, des agrémens & des commodités de la vie ; il y renonce
volontiers pour l'amour de celui
qui le conſole au jour de l'affliction.

Quoique indigent, le juſte eſt
toujours riche ; il eſt toujours heureux quoiqu'affligé. L'indigence
& les afflictions ſont des moyens
dont il ſe ſert pour theſauriſer dans
le Ciel, & pour s'aſſurer un repos
éternel. Ce repos fait l'unique
objet de ſes vœux, rien ne lui
coûte trop pour l'acquerir. Son
ame, toute occupée de la grandeur du deſtin qui lui eſt préparé,
dédaigne les foibles reſſources

qu'il pourroit trouver dans les richeſſes ; elles ſont pour lui, plûtôt
un fardeau peſant , qu'un ſoula-
ment agréable : & ſi, quelquefois,
il les ſouhaitoit , ce ſeroit plus
pour contenter ſa charité, que
pour ſatisfaire la cupidité, & fomenter l'orgueil.

La qualité de riche ne ſert , le
plus ſouvent, qu'à rendre odieux
ceux qui reſerrent impitoyable-
ment leurs tréſors , ou qui ne les
diſſipent qu'au gré de leurs paſſions : mais cette même qualité
rend agréable le juſte qui n'eſtime
l'or & l'argent, qu'autant qu'ils le
peuvent mettre en état de faire du
bien à tout le monde, & lui rendre favorable le jugement d'un
Dieu qui déteſte l'avarice & la
dureté de cœur.

Les liberalités du juſte aſſureront
ſa mémoire, & la rendront pré-
cieuſe aux gens de bien. Il ne

craindra pas que l'on se souvienne
de lui, comme on se souvient des
concussionnaires, des avares, &
des prodigues, dont on déteste
les excès. La miséricorde que le
juste exerce dans le tems, le met
en droit d'espérer que le Seigneur
lui fera miséricorde éternellement. Fortifié par cette espérance, son cœur sent une vertu divine qui le fait triompher de tous
ses ennemis. Loin de thesauriser,
il répand ses richesses dans le sein
des pauvres, & ses pieuses profu-
sions lui assurent une couronne
immortelle. Le juste établit sa
gloire sur le fondement d'une humilité sincére, d'une ardente charité, d'un généreux désintéresse-
ment; ainsi, négligeant de faire
une grosse fortune, pour le siécle
présent, il se fait un fond inépui-
sable de mérites pour le siécle
des siécles.

Les amateurs des richeſſes, des plaiſirs, & des vanités du monde, du centre du malheur où leur aveuglement les aura précipités, verront le bonheur du juſte, ils le verront, & ils ſécheront de jalou-ſie. Leurs grincemens de dents exprimeront leurs fureurs & leur rage. Paſſionnés alors pour des ob-jets qu'ils mépriſent aujourd'hui, ils deſireront d'être ce que le juſte étoit. Mais ce deſir qui pouvoit être durant leur vie la ſource de leur bonheur, deviendra, après leur mort, le funeſte inſtrument de leur ſuplice éternel.

Mon frere, prevenez ce mal-heur, dites aujourd'hui, avec fruit, ce que vous direz infailliblement, mais inutilement un jour, ſi vous ne changez de ſentimens & de conduite.

Inſenſé que je ſuis! J'ai crû que c'étoit une folie de fouler aux pieds les richeffes , & de fuir les plaifirs , mais je m'apperçois que c'eft le parti le plus fage qu'on puiffe prendre. Les pauvres , & ceux qui fouffrent , font mis au nombre des enfans de Dieu, & leur deftinée eft de partager la gloire qu'il referve à fes Saints. Au contraire les riches avares , dédaigneux, infatiables, impitoyables , voluptueux , font précipités dans un abyfme de miféres. Ils difoient au milieu de l'abondance & des délices : A quoi fervent la fageffe, la fcience, la modération, le défintéreffement. On leur dit aujourd'hui , au milieu de leurs fuplices : A quoi vous fervent vos tréfors , vos amples domaines , vos titres faftueux, & le crédit que vous donnoient vos emplois ? Après un court fommeil , vous vous êtes éveillés , vous fongiez, en dormant, que vous étiez les plus heureux des hommes, & le réveil vous prouve que vous êtes les plus foibles, les plus chétives, les plus misérables créatures.

Empreſſez-vous, mon frere, d'entrer par la porte étroite que ſi peu de perſonnes ſe mettent en peine de chercher. Elle eſt encore ouverte pour vous : mais un jour elle ſera fermée. Envain, alors vous pouſſerez des gémiſſemens & des cris, en diſant : Seigneur ! Seigneur ! Ouvrez-moi ! Vous n'entendrez que ces foudroyantes paroles. Retirez-vous, vous avez déja reçû votre récompenſe. Je vous dis en vérité que je ne vous connois point.

XXVI.

XXVI. JOUR.

Suite du Sujet précédent.

LE PHILOSOPHE.

JE m'apperçois avec une joye sensible, que mes objections enflamment votre zéle. Vos réponses me font sentir combien votre foi est éclairée ; les biens sensibles ne vous font plus illusion ; envain le monde vous vante-t'il le bonheur de ses favoris, vous concevez que les seuls amis de Dieu peuvent être heureux. Ce que vous dites, pour le prouver, me paroît, & touchant, & solide. Je doute cependant, qu'il fasse impression sur ces mondains qui préferent l'ombre de la mort, aux splendeurs des Saints, & la nuit du siécle au grand jour de

Cc

l'éternité. Continuez donc à vous exercer contre moi. Semblable à un jeune guerrier, qui éprouve avec ses amis sa force & son adresse dans les jeux militaires, pour se rendre plus propre, en tems de guerre, aux combats qu'il doit livrer aux ennemis de l'Etat ; armez aujourd'hui votre raison & votre foi contre les préjugés que je propose, afin qu'elle vainque, & qu'elle triomphe, lorsque les faux sages leur en opposeront de tels. La passion qu'ils ont pour la terre, étouffe les sentimens qu'on veut leur inspirer pour le Ciel. Votre foi vous fait regarder comme des fables, ce qu'ils vous disent du bonheur des pécheurs, & vous vous écriez avec David, (1) *Narraverunt iniqui mihi fabulationes,*

(1) Les impies ne m'ont entretenu que des choses vaines & fabuleuses ; mais ce n'étoit pas comme votre Loi. *Pf.* 118. 85.

fed non ut Lex tua. Leur incrédulité leur fera regarder du même œil, ce que vous leur direz de la félicité des juftes.

Nous lifons, & nous croyons *que la lumiére a paru dans les ténébres,* mais nous éprouvons chaque jour que *les ténébres ne l'ont point comprife.* Le monde eft plus que jamais rempli d'aveugles qui errent à l'avanture, & qui, non contens de s'égarer, fe font un mérite d'égarer les autres. Prévenus contre la Religion, ils la regardent comme la fource de prefque tous les maux qui affligent la focieté. Que d'efforts ne font-ils pas pour engager leurs profélites à s'en débarraffer ! Mais chaque pas qu'ils leur font faire dans la carriere de leur monftrueufe philofophie, les conduit au bord de quelque précipice. Souvent ils les aveuglent, jufqu'à les priver des plus simples lumiéres de la raison; souvent, ils portent leur endurcissement au point de leur ôter, pour ainsi dire, le sentiment de leur ame. Alors, ils sentent seulement qu'ils ont un corps, ce corps devient leur idole, & leur soin unique est d'en contenter les apétit déréglés. Ils aiment mieux se representer leur ame, comme une modification de la matiére, que de se donner la moindre peine pour l'en dégager.

Pourquoi me ferois-je violence ? Me disoit un de ces incrédules. Mon corps sera réduit en poussiére, & je ne vois rien au-delà.

Le présent doit donc emporter tous mes soins : l'avenir a quelque chose de trop obscur,& de trop incertain, pour faire l'attention d'un estre qui ne demande qu'à joüir. Joüissons donc des plaisirs de la vie, parce qu'au-delà du tombeau rien ne paroît affuré ; ceux-là s'abufent qui efpérent des récompenfes, ou qui craignent des châtimens au-delà de ce terme. Cette efpérance & cette crainte ne font propes qu'à produire des penfées fombres, & une noire mélancolie.

LE DISCIPLE.

Mon Pere, Que viens-je d'entendre ? Eft-il poffible qu'il y ait des hommes, qui n'ont ici-bas d'autre reffource que celle que leur fournit l'idée de leur anéantiffement ? Cet anéantiffement fait donc le plus fatisfaifant point de vûë de ceux, aufquels le monde injufte accorde le titre d'efprits forts, quoiqu'en effet ils foient les plus foibles de tous les efprits, puifqu'ils n'ont pas affez de force

pour concevoir une exiſtence indépendante de la matiére ? Pour
moi , je ne trouve rien de plus
conſolant , que la croyance de
l'immortalité de l'ame. Loin de me
dire , que tout périra pour moi ,
quand j'aurai rendu le dernier
ſoupir, je m'aſſure que cet inſtant
ſera le commencement de ma
nouvelle vie.

Lorſque mon froid cadavre
ſera renfermé dans l'eſpace étroit
de la ſépulture , & couvert des
horreurs de la mort , mon ame ,
libre , & indépendante de la matiere , parcourera l'immenſité des
lieux, &, revétuë de lumiére, elle
joüira de tous les plaiſirs , dont
l'eſpérance adoucit les rigueurs
de ſa captivité.

Je ſens qu'elle eſt faite pour
être éternellement unie à Dieu :
il eſt ſon principe , il ſera ſa fin;

quelque soit le penchant qui l'entraîne vers les créatures, l'amour du Créateur lui servira de contrepoids, il l'élevera vers son centre, malgré les efforts que ses ennemis font pour l'en détourner.

XXVII. JOUR.

Suite du Sujet précédent.

LE PHILOSOPHE.

VOUS voilà, mon fils, dans les plus heureuses dispositions : plaise à Dieu de vous y conserver. Quoique les faux sages puissent vous dire pour décrier le Service du Seigneur , & vous faire perdre le sentiment de votre grandeur originelle , rendez votre ame tellement esclave de sa Loy dans le lieu de votre exil, qu'elle vous mérite l'affranchissement de toutes ses miseres dans notre véritable Patrie.

LE DISCIPLE.

Graces immortelles vous soient renduës

renduës, mon Seigneur & mon Dieu ! Mon cœur s'éleve vers vous, parce que vous le détachez infensiblement de tout ce qui fit autrefois l'objet de fes defirs. Bien loin que je porte envie à ceux qui joüiffent des honneurs & des plaifirs du monde, je les regarde comme des hommes endormis, qui goûtent en fonge de vaines douceurs, qui fe changeront en amertume à leur réveil, & je fuis perfuadé que le plaifir que je goûte, eft celui d'un homme dont les yeux font défillés, & qui voit les objets tels qu'ils font en eux-mêmes. Un feul jour m'offre plus de fatisfactions, que les amateurs du monde n'en trouvent en plufieurs années. Je poffede mon ame en paix, la leur eft tirannifée pas des paffions qui ne leur donnent point de repos. Ils font livrés à l'ennui toutes les fois qu'ils ne peuvent fe dissiper au-dehors ; je ne suis jamais plus agréablement occupé, que lorsque je rentre en moi même. Ils se fatiguent jusqu'à l'épuisement pour se procurer des contentemens qui ne dépendent point d'eux : j'attens avec tranquillité que vous répandiez dans mon ame ces sentimens de tendresse, dont vous êtes prodigue à ceux qui vous ont consacré leur amour. Les mondains se plaisent dans les cercles où l'on parle beaucoup ; moi je me plais dans le silence ; ils abhorrent la solitude ; moi je l'aime, parce que votre voix s'y fait entendre dans le calme des passions.

Que vous êtes bon de vous communiquer ainsi !

Que vous êtes bon de me préferer à tant d'autres que vous laissez dans les ténebres ! Votre miséricorde a jetté les yeux sur moi. A quelle autre cauſe qu'à ce regard, attribûrai-je le mouvement qui porte mon cœur vers vous?

Eloigné de tout ce qui peut exciter des ſenſations agréables, dans une ſolitude écartée du commerce des hommes, environné de roches eſcarpées, de précipices affreux, de torrens impétueux, & de forêts ſombres, les paroles ſecrettes que j'entens, la douceur dont je ſuis pénétré, l'amour dont mon cœur eſt embraſé, me prouvent invinciblement votre préſence.

Quel autre qu'un Dieu peut ſe faire entendre ſans bruit, inſpirer un plaiſir que la nature ne donne point, allumer un feu auquel rien de ſenſible ne ſert d'aliment?

Le Seigneur eſt en moi, mes ſentimens en ſont la preuve. S'ils ſont tels qu'aucune des créatures ne puiſſe m'en donner de ſemblables, il faut néceſſairement que ce ſoit le Créateur qui me les donne. Mais pourquoi me les donne-t'il? Il veut que je l'aime.

Que mon cœur eſt d'un grand prix, puiſque Dieu - même le recherche ! Le laiſſerai-je ramper ce cœur ? Non, je l'éleverai ſans ceſſe vers le Divin objet qui le demande : il eſt ſeul digne de le poſſéder, parce qu'il eſt ſeul capable de le contenter.

Recevez donc, Seigneur, les élévations d'un cœur qui vous regarde comme ſon centre ; plus ſenſible à vos communications ſecrettes qu'à tous les plaiſirs de la terre, il voudroit à l'inſtant que vous le touchez, perdre ſa ſenſibilité naturelle, tant il craint qu'elle n'affoibliſſe les ſentimens ſurnaturels dont vous daignez le remplir.

LE PHILOSOPHE.

Vous faites très - bien , mon Fils , de vous abandonner aux mouvemens de l'Esprit Saint,& de chercher ainsi le moyen d'épancher les sentimens de votre cœur. Souvent on parle trop à l'Esprit, on cherche beaucoup de raisonnemens pour le convaincre, & l'on ne s'attache point assez au cœur, qu'il importe infiniment de toucher.

Le cœur n'écoute que le cœur. Il reste toujours insensible , tant qu'on ne lui parle pas son langage. L'amour des biens sensibles fait tout le malheur des Enfans du siécle ; on ne peut donc les rendre heureux qu'en leur inspirant l'amour des biens qui sont au-dessus de la portée des sens. On perd presque toujours le tems que l'on employe fimplement à leur apprendre à connoître; on gagne infiniment à leur apprendre à fentir.

La Théologie de l'Efprit fe perfectionne chaque jour; elle déploye contre l'erreur toutes les forces du raifonnement; cependant l'erreur gagne tous les jours du terrain, jamais elle n'a pouffé plus loin fes conquêtes; à peine pourriez vous compter ceux qu'elle vient de fubjuguer dans le païs de votre naiffance: je crois qu'en voici la raifon. A mefure que la Théologie de l'Efprit éleve fa voix fur les bancs de l'Ecole & dans les Chaires chrétiennes, la Théologie du cœur garde prefque partout un profond filence; l'une éclaire beaucoup, l'autre n'échauffe point affez.

Saint Auguftin ne difoit pas: fi je parle à des aveugles, ils ne m'entendent point; mais, fi je parle à des indifférens, ils ne sçavent ce que je dis. *Si frigido loquor, nescit quod loquor.*

Quelles dispositions le Saint Docteur souhaitoit-il trouver dans ces Auditeurs? L'amour, le goût, le desir.....: *Da amantem, da sitientem, da anhelantem, & scit quod loquor.*

Vous avez compris, mon Fils, qu'il est impossible de communiquer à quelqu'un une ardeur, dont on n'est pas soi-même pénétré; ainsi, lorsque je vous ai parlé sur le ton d'un incrédule & d'un impie, vous n'avez point songé à me réfuter par voye de raisonnement, & de discussion; vous avez choisi la voye du sentiment, mille fois plus courte & plus sûre.

L'impie a dit en son cœur: il n'y a point de Dieu. La doctrine de l'impie n'est mal saine, que parce que son cœur est malade.

Guériffez fon cœur , & bientôt fon efprit rejettera le venin des erreurs & des préjugés dont il eft infecté.

Quel eft le principe de la maladie de fon cœur ? C'eft tout à la fois, la fenfibilité & l'infenfibilité. La fenfibilité pour les chofes qui frapent les fens; l'infenfibilité pour celles qui les paffent. Il faut donc commencer à diminuer fon attrait pour les unes , & s'efforcer de lui en donner pour les autres. Comment, au refte, pourroit-on réuffir à lui faire aimer des objets, pour lefquels on n'auroit foi-même aucun amour?

Les ferviteurs de Dieu mettent toujours la Morale en action, c'eft-à-dire, que leur exemple accompagne, ou fuit toujours de près leurs paroles.

Rappellez-vous, mon Fils, ce que vous avez lû, fans doute, dans

la vie de Taulere le Laïc , qui
changea l'esprit & le cœur de ce
bon Religieux , en lui repréfen-
tant qu'il ne fuffifoit point de bien
interpréter l'Ecriture & les Peres ,
pour toucher au but qu'on doit fe
propofer en inftruifant.

XXVIII. JOUR.

Suite du Sujet précédent.

MON Fils, puisque je vous vois revêtu des armes de lumiere, je consens que vous alliez combattre le monde. Puissiez-vous détromper, rassurer, desenchanter quelqu'un de ceux qui sont préoccupés de ses erreurs, de ses terreurs & de ses amours. Puissiez-vous, en vous livrant à ce que le zele pour le salut des ames exige de vos talens & de votre pieté, ne manquer jamais d'attention pour la vôtre.

Faites toujours comme Saint Paul, un humble retour sur vous-même ; considerez votre foiblesse, de peur que la tentation ne vous furprenne, lorfque vous feriez le moins fur vos gardes.

La terre eft toute couverte de piéges, en quelqu'endroit que vous puiffiez aller, vous pourrez dire, ... (1) *abfconderunt Peccatores laqueum mihi.* Celui que l'Ecriture appelle le Prince du Monde, y foufle perpétuellement le feu d'une efpece de guerre civile. En conféquence de fes funeftes intrigues, ceux qui devroient fe prêter fecours pour fe conferver & fe défendre, ne fongent qu'à fe miner & s'entredétruire. Le Prince du monde entretient en tous lieux des Emiffaires & des Miniftres d'iniquité, qui ne travaillent qu'à fomenter les vices, en excitant la révolte des fens, & le tumulte des paffions. Les uns profcrivent la vérité, les autres donnent des fauf-

(1) Les pécheurs m'ont tendu un piége. Pf. 118. 110.

conduits à l'erreur. Leur fauſſe ſcience en impoſe aux ignorans, & les ignorans ſe trompent les uns & les autres. On confond les interêts de la Religion avec ceux de la plus frauduleuſe Politique ; la bonne foy paſſe pour une ſtupide ſimplicité : à peine trouve-t'on quelqu'un qui reconnoiſſe le prix de la candeur. Les fauſſes vertus emportent les récompenſes que les véritables ont méritées ; les crimes reſtent impunis quand les coupables ont de la fortune , & les vices accompagnés d'eſprit & d'hipocriſie, aſſurent une grande conſidération à ceux qui les poſſedent.

Mon Fils, tel eſt le monde auquel vous avez déclaré la guerre , & avec lequel, bientôt peut-être, vous engagerez le combat; adreſſez ſouvent au Seigneur la priere que j'ai ſouvent réiterée, lorſque je me voyois exposé aux tentations dont je vous ai parlé... (1) *Judica me, Deus, & discerne causam meam de gente non sancta ab homine iniquo & doloso, erue me.* Quelle est cette nation dont je le conjurois de me séparer ? celle des Mondains ; nation ingrate, qui oublie ses bontés ; nation injuste, qui lui préfere les plus viles créatures ; nation aveugle qui prend le mensonge pour la vérité ; nation tellement ennemie de tout bien, qu'elle qualifie de Philosophes & d'Esprits forts, ceux dont les sistêmes impies autorisent les plus affreux déreglemens.

Quel est l'homme d'iniquité, l'homme d'impostures dont je le priois de m'éloigner ? Moi-même, mon Fils, moi-même ! J'avoüe

(1) Jugez-moi, mon Dieu ! & faites le discernement de ma cause, en me défendant d'une nation qui n'est pas sainte. Tirez-moi des mains de l'homme méchant & trompeur. *Ps.* 42. 1.

que je fuis mon plus dangereux ennemi. Quels que foient les mauvais
exemples, les féductions, les piéges que j'ai trouvé dans le monde,
rien ne m'a été plus à charge que
les vapeurs malignes, qui s'éle-
voient fans ceffe du fond de ma
propre corruption.

J'ai dit, après faint Ambroife :
Je me fuis éloigné des hommes qui
pouvoient me corrompre, j'ai fui
loin du monde pour en éviter la
contagion, je me fuis éloigné des
piéges que le démon me tendoit,
j'ai abandonné les richeffes qui me
fourniffoient les moyens de contenter mes paffions, je me fuis dépoüillé de tout ce qui pouvoit
m'en orgueillir ; je m'apperçois
cependant que je n'ai fait que cou-
per les branches d'un mauvais
arbre, dont la racine refte en moi.
En dépit de ma retraite & des
actes que je renouvelle chaque

jour pour mieux renoncer au monde, je sens à mes vertus qui s'affoiblissent, & au poids qui m'incline vers le mal, que le petit Monde que je porte par tout, m'est au moins aussi funeste que le grand Monde que j'ai quitté.

Mon Fils, ne présumez point trop de vos forces, ne vous reposez point trop sur vos bonnes intentions ; marchez toujours avec vigilance, défiance & circonspection : Quand vous serez avec les enfans du siécle, pensez que vous êtes un agneau au milieu des loups ; soyez simple comme la colombe, & prudent comme le serpent, afin que votre conversation soit sans reproche avec ceux, qu'à tant d'égards, nous pouvons comparer aux Payens.

Qu'en toute occasion ils remarquent en vous la douceur, l'humilité, la modestie, la discrétion,

le defintéreffement : & qu'en cela-
même dont ils prennent fujet de
médire de ceux qui font profeffion
de piété, comme de perfonnes in-
commodes, inquiéttes, caufti-
ques, chagrines, infuportables;
ils ayent matiere de loüer Dieu en
reconnoiffant qu'il ne vous envoie
vers eux, que pour les délivrer de
la tirannie de leurs préjugés, répandre la bonne odeur des vertus
chrétiennes, & faire couler l'onction de l'Efprit Saint dans leur
ame.

La volonté du Seigneur eft,
qu'en obfervant très-exactement
les regles de la bienféance & de la
fubordination, vous rendiez à chacun ce qui leur eft dû; que vous
refpectiez les puiffances, que vous
ménagiez tous les efprits, mar-
quant par un principe de charité,
beaucoup de foumiffion pour les
uns, & beaucoup de complaifance

pour

pour les autres. Ainſi, vous ferme-
rez la bouche aux imprudens qui
ne ſçavent ce qu'ils diſent : vous
ferez un ſaint uſage de la liberté
des enfans de Dieu , & vous n'en
abuſerez point, comme ceux qui
ſous prétexte de zele & de ſincé-
rité , font triompher leur mauvaiſe humeur , épanchent leur
bile , & contentent leurs reſſen-
timens.

Aimez tous les hommes com-
me vos freres ; engagez-les par vos
exemples à ſe rendre ſervice les
uns aux autres, à reſpecter la Majeſté Royale , à ſubvenir ſans mur-
mures aux beſoins de l'Etat , à
rendre toujours juſtice au vrai mérite, ſans envie, ſans jalouſie, ſans
acception de perſonne, ſans préoc-
cupation de parti ; à montrer toujours de la déférence , de l'obéiſ-
ſance , de la docilité, non ſeulement aux Maîtres qui ſont affables

E e

& indulgens , mais encore à ceux
qui sont durs , hautins & difficiles.
Tels sont les fruits que doivent
produire les fidéles par la grace de
notre Seigneur. AMEN.

XXIX. J O U R.

De la Douceur & de la force de la grace.

MON Fils, la fête que nous célébrons le 29. Juin m'invite à réfléchir avec vous sur la foiblesse de l'homme ; la force de la grace, & l'immense étendue des miséricordes du Seigneur.

La Mémoire des glorieux Apôtres saint Pierre & saint Paul, que l'Eglise renouvelle avec tant de solemnité, me rappelle divers événemens de leur vie, dont Dieu s'est servi pour instruire tous les siécles, en leur représentant les déplorables effets de la fragilité humaine, & les miracles éclatans de la douceur & de la force de sa grace.

Tant que nous ne perdons point la préfence du Seigueur, & que nous nous attachons à le fuivre, notre foi eft vive, notre efpérance ferme, notre charité ardente. Mais fitôt que les créatures nous en ont féparés, fitôt que nous nous fommes éloignés de lui, nous ceffons de croire, & nous n'efpérons plus, comme il faut. Nous n'aimons plus, notre indifference éclate par de lâches trahifons, nous renonçons à notre profeffion, nous oublions nos engagemens. Hélas ! Que faut-il pour nous porter à de tels excès ? La préfence, la voix d'une ville créature. Elle s'empare de notre cœur, elle y établit l'empire du vice, où nous croyions avoir fondé celui de la vertu.

Envain les ouvriers travaillent à la conftruction d'un édifice, fi Dieu ne l'éleve avec eux ; envain les fentinelles font exactement

leur faction fur les Remparts, &
dans les Places d'une Fortereſſe,
ſi Dieu lui-même ne la garde &
ne la défend.

Saint Pierre avoit reconnu la
Divinité de ſon Maître, il lui avoit
juré un attachement éternel, il
avoit promis de le ſuivre partout,
au péril de ſa vie ; il avoit aſſuré
qu'il ne craignoit point de mourir
avec lui : l'événemement ne répondit point à ſes proteſtations.

La crainte s'empara de ce cœur
ſi généreux : lorſque le Seigneur
tomba entre les mains de ſes ennemis, il prit la fuite comme les
autres Diſciples. Tout ce qu'il
obtint de ſa fidélité mourante,
fût de ſuivre de loin ſon Divin
Maître.

Il entra donc chez le Grand-
Prêtre, au Tribunal duquel le Sauveur étoit cité, & pendant qu'il

subiſſoit l'interrogatoire de ce jugé inique, Pierre, interrogé par une ſervante, le renia juſqu'à trois fois, & conſomma ſon crime par le jurement & la déteſtation.

Voilà le terme où aboutirent tant de belles réſolutions, tant d'aſſurance de fidélité, tant de démonſtrations de zéle. Une ſervante ! Voilà l'écueil du Prince des Apôtres : il ſe confia trop en ſes propres forces : delà, la triſte expérience qu'il fit de ſa foibleſſe.

Voilà l'homme tel qu'il eſt, il s'eſtime être à l'épreuve de tout, en conſéquence, il s'expoſe ſans aucune reſerve ; auſſi devient-il la dupe de ſa préſomption, & le jouet de ſes paſſions. Voyons ce qu'il devient, quand, ſe défiant uniquement de lui-même, & mettant toute ſa force dans celui qui le fortifie, ſon cœur reçoit les douces impreſſions de la grace.

Le Sauveur jette un regard ſur ſon perfide Apôtre; le Coq chante, Pierre eſt ému, il ſe reſſouvient que ſon Maître lui a dit: Avant que le Coq chante, tu me renieras trois fois.

Attendri par la douceur des regards de celui qu'il a ſi lâchement offenſé; ſaiſi d'horreur à la vûë de ſon crime, ſon cœur ſe briſe, des larmes améres coulent de ſes yeux, l'amour rentre dans ſes droits, il ſe fortifie par la pénitence, il s'éterniſe par le martyre.

Mon Fils, combien de fois avez-vous dit au Seigneur que vous l'aimiez? combien de fois lui avez-vous juré une fidélité inviolable? combien de fois auſſi l'avez-vous abandonné? combien de fois avez-vous ſacrifié aux intérêts de vos paſſions, les intérêts de ſa gloire?

Présumant trop d'une force qui n'est point effectivement en vous, ne vous êtes-vous pas témérairement exposé aux occasions dangéreuses, & n'avez-vous pas à rougir aujourd'hui de quelque foiblesse, pour avoir trop compté sur votre vertu prétenduë ?

Que devez-vous faire, mon cher Fils, après que vous vous êtes rendu coupable de tant d'ingratitudes ? Confessez votre iniquité devant le Seigneur ; Priez-le de jetter sur votre ame le même regard qui pénétra celle de Pierre: Que la chûte de cet Apôtre vous rende timide, humble, & circonspect ; tous les jours convainquez-vous de plus en plus, que vous ne pouvez rien de vous même, & que cette conviction vous engage à recourir sans cesse au Seigneur, en qui vous pouvez tout. Dites-lui avec confiance, je sens que je m'égare ;

m'égare ; mais au milieu de mes égaremens, j'éleve ma voix vers vous ; je vous cherche pendant la nuit, & je demande que votre lumiére m'aide à retrouver le sentier qui méne à vous.

Actuellement que je me considere sur la mer du monde, comme un vaiſſeau ſans agrès, également expoſé à la fureur des vents & des flots ; vous ſçavez, Seigneur, quels ſont les deſirs que je forme, & vous connoiſſez d'où procedent mes gémiſſemens. Je crains de m'éloigner de vous, parce que je ſuis perſuadé que vous êtes le centre du parfait bonheur ; je crains de trop m'engager avec les créatures, parce que je ſçai qu'hors de vous, il n'y a que trouble & confuſion. Je crains de perdre votre Loy de vûë, parce que le ſeul moyen qui reſte à un jeune homme pour ſe corriger , eſt de réformer ſes mœurs ſur un ſi parfait modéle. Je vous en conjure par les entrailles de votre miſéricorde , ayez pitié de mon ame, prenez-la ſous votre protection , calmez ſes craintes , écartez ſes ennemis; ſi elle s'égare , rappellez-la ; ſi elle s'oublie, répréſentez-lui vivement ce qu'elle eſt, & de combien de crimes elle ſe rendra coupable , ſi une fois elle s'éloigne de vous. Plus je m'éxamine , plus j'ai lieu de craindre que ma folie ne me porte aux derniers excès. Plus je conſidere les caracteres de votre ſageſſe , plus j'ai ſujet d'eſpérer qu'elle me ſoutiendra dans les pas critiques de la vie , & qu'elle me préſervera des chûtes que je ne puis éviter ſans elle. Mon Dieu, je ſuis devant vous dans un ac-

cablement extrême, jettez donc
fur moi un regard favorable ; re-
levez - moi , encouragez - moi ,
foutenez-moi , c'eft en vous feul
que j'ai mis mon efpérance.

XXX: JOUR.

Suite du Sujet précédent.

MON Fils , que la douceur de la grace paroît charman-te dans la converfion du Prince des Apôtres ; mais que la force de la grace fe montre puiffante dans celle de l'Apôtre des Gentils ! Mon Dieu , que votre fageffe éclate merveilleufement dans l'u-ne & dans l'autre !

(1) *Cette divine Sageffe atteint d'une extrémité à l'autre avec force, & difpofe de tout avec douceur.* La voix d'une fimple fervante avoit rendu Pierre infidéle ; un regard, le chant d'un Coq le rendent pé-nitent. Saul, animé d'une haine mortelle contre l'Eglife naiffante,

(1) Livre de la Sageffe c. 8. 1.

respire les menaces & la fureur ; il cherche les premiers fideles pour leur en faire sentir de terribles effets. La grace le trouve les armes à la main, elle s'armera donc elle-même pour le combattre. C'est du milieu des tonneres & des éclairs, dont Saul est aveuglé, que part cette voix foudroyante, *Saul, pourquoi me persécutes-tu ?* Et frape en même tems ses oreilles & son cœur. Pierre avoit aimé, un regard suffit pour ranimer son amour. Saul avoit toujours haï, il falloit de plus forts moyens, pour le rendre sensible aux impressions de la charité. Voilà, mon Fils, comme la grace, tantôt par la douceur, & tantôt par la force, triomphe de l'ingratitude ou de la dureté de nos cœurs.

Quel triomphe ! Paul n'est plus un persécuteur, c'est un Apôtre.

Les fidéles enflammoient sa

colére, ils n'excitent plus que sa tendresse, il ne regarde plus que comme ses freres & ses enfans, ceux-là même qui lui paroissoient les plus dangereux ennemis ; la Croix étoit pour lui un sujet de scandale, elle devient l'objet de son respect, de son amour, & la source de sa gloire ; il devient la colonne de l'Eglise, dont il avoit juré la ruine ; il cherche à répandre partout l'Evangile, dont il vouloit étouffer la semence. Enfin, celui qui étoit le plus alteré du sang des Chrétiens, verse avec joye tous le sien, pour attester la vérité de la religion qu'ils professent ; changement de la droite du Très-Haut, que vous êtes admirable !

Mon cher Fils ! que le Dieu que nous adorons est puissant ! Il fait tout ce qu'il veut ; nos cœurs sont entre ses mains, il les tourne

comme il lui plaît. Il vous inspire-
ra les plus tendres sentimens de
son amour, si vous continuez à
vous rendre attentif & docile à
ses commandemens.Ne présumez
point de vous même ; Saint Pierre
vous apprend combien il faut se
défier de ses propres forces. Ne
désesperez point à la vûë de vos
miséres ; d'un vase d'ignominie,
Dieu peut en faire un vase d'élec-
tion.Dites comme saint Paul : Seigneur, que voulez - vous que je
fasse ? Abandonnez-vous avec une
pleine & entiere résignation à son
adorable volonté. Si vous êtes
aveugle, il vous éclaircira ; si vous
êtes ignorant, il vous instruira, il
se servira même de vos foiblesses
pour perfectionner en vous les vertus. Celui qui avoit les plus fortes
passions, fait souvent plus de progrès, lorsqu'un bon zéle l'anime,
& qu'une droite intention le diri-

ge ; que celui, qui né avec de plus favorables difpofitions, a auffi plus de tiédeur. En tout, la grace vous fuffira , mon Fils, confiez-vous uniquement en elle. Dieu ne permettra point que vous foyiez tenté au-deffus de vos forces : Il permettra même que vous tiriez avantage de vos tentations , pourvû que vous reconnoiffiez fincérement, que vous ne pouvez rien de vous même ; mais tout, avec cette grace, qui fortifie les foibles , anime les lâches, calme les furieux, embrafe tellement les cœurs les plus froids, qu'ils peuvent attefter le Ciel & la terre, que ni les puiffances fupérieures , ni les inférieures ; ni le paffé ; ni le préfent ; ni le glaive , ni la mort ; ni l'indigence, ni l'ignominie , ne les fépareront jamais de la charité du Seigneur JESUS.

F I N.

www.ingramcontent.com/pod-product-compliance
Lightning Source LLC
LaVergne TN
LVHW011900180726
843502LV00003B/533